ÉTICA E COMPETÊNCIA

Questões da Nossa Época
Volume 7

Dados Internacionais de Catalogação na Publicação (CIP)
(Câmara Brasileira do Livro, SP, Brasil)

Rios, Terezinha Azerêdo
Ética e competência / Terezinha Azerêdo Rios. — 20. ed. — São
Paulo : Cortez, 2011. — (Questões da nossa época volume ; 7)

Bibliografia.
ISBN 978-85-249-1703-5

1. Educadores 2. Educação profissional 3. Ética 4. Ética profissional 5. Pedagogia I. Título. II. Série.

11-01852   CDD-370.7

Índices para catálogo sistemático:

1. Educadores : Formação   370.7
2. Formação de educadores   370.7

Terezinha Azerêdo Rios

ÉTICA E COMPETÊNCIA

20ª edição
8ª reimpressão

ÉTICA E COMPETÊNCIA
Terezinha Azerêdo Rios

Capa: aeroestúdio
Preparação de originais: Solange Martins
Revisão: Maria de Lourdes de Almeida
Composição: Linea Editora Ltda.
Coordenação editorial: Danilo A. Q. Morales

Nenhuma parte desta obra pode ser reproduzida ou duplicada sem autorização
expressa da autora e do editor.

© 1993 by Autora

Direitos para esta edição
CORTEZ EDITORA
Rua Monte Alegre, 1074 – Perdizes
05014-001 – São Paulo - SP
Tel.: (11) 3864-0111   Fax: (11) 3864-4290
E-mail: cortez@cortezeditora.com.br
www.cortezeditora.com.br

Impresso no Brasil – fevereiro de 2019

À memória do professor Joel Martins, em cuja convivência se reforçava a esperança no trabalho competente.

Para Luca — Luiza Azeredo e Senra —, sobrinha e afilhada, menina/mulher se fazendo "parente do futuro".

Sumário

Prefácio à 20ª edição.. 9

Introdução... 17

Capítulo 1 — A filosofia e a compreensão
da realidade: ética — política — filosofia no
contexto profissional... 25

Capítulo 2 — Educação e sociedade: perspectiva
política da prática educativa.. 39

Capítulo 3 — As dimensões da competência do
educador... 56

Capítulo 4 — Ética e competência no contexto
das organizações.. 84

Capítulo 5 — Competência e utopia: prática
profissional e projeto.. 104

Bibliografia... 119

Prefácio à 20ª edição

Sinto-me extremamente gratificada ao voltar a apresentar este trabalho, passados 18 anos da publicação de sua 1ª edição.

Na sua forma original, ele tinha como destinatários profissionais da área da educação, uma vez que resultava de uma dissertação de mestrado realizada naquela área. Sendo uma professora e tendo preocupação com a formação e a prática dos educadores, procurei desenvolver uma reflexão sobre os desafios que encontramos no cotidiano de nosso trabalho. Nas sucessivas reimpressões do livro, tive a possibilidade de ampliar o diálogo com os colegas educadores, uma vez que o trabalho foi indicado como parte da bibliografia de diversos concursos públicos, de processos seletivos de programas de pós-graduação e de disciplinas de diversos cursos de graduação e especialização.

Esse diálogo estendeu-se a profissionais de muitas outras áreas. Têm recorrido ao livro colegas que desenvolvem seu trabalho nas áreas da saúde, do serviço social, da administração e muitos outros. A leitura do texto levou a convites para discutir questões específicas de cada espaço profissional, sempre ligadas à ética. Confirmava-se, assim, a ideia de que a dimensão ética da competência não está presente apenas na competência *do educador*. Ela faz parte da competência profissional, qualquer que seja o espaço de atuação dos indivíduos.

Na continuidade de minha investigação, procurei ampliar o estudo sobre a noção de competência. Meu trabalho de doutorado teve como problema central a articulação entre os conceitos de competência e qualidade. Também ali procurei desenvolver uma reflexão centrada no campo da educação, mais particularmente no trabalho do professor. Publicado em 2001, o trabalho teve como título *Compreender e ensinar* — por uma docência da melhor qualidade.

Às dimensões da competência desenvolvidas em trabalhos anteriores, acrescentei a referência à dimensão estética, cujas características se encontravam, de certo modo, já anunciadas na dimensão ética. Em virtude disso, procuro trazer, nesta edição, no capítulo 3, algumas complementações na caracterização das dimensões da competência. Aproveito para rever e aprimorar algumas ideias que foram se modificando na minha perspectiva de enfocar a questão.

Além do livro resultante da tese, produzi sobre o tema alguns artigos, entre os quais destaco A presença da filosofia e da ética no contexto profissional (Rios, 2008) e A construção permanente da competência (Rios, 2010b). Em cada um deles procuro fazer uma interlocução com trabalhos que vêm sendo produzidos e divulgados em eventos e publicações. Busco, também, estender a discussão aos espaços profissionais para além da educação, levando em conta a experiência que aí tenho vivenciado.

Trabalhar na formação continuada de profissionais na área empresarial tem trazido para mim o desafio de questionar constantemente o significado de minha intervenção, indagando sobre os riscos a que estou exposta quando me proponho a ampliar a competência daqueles profissionais, cujo trabalho — assim como o meu, é bom lembrar — se dá num contexto de exploração e de desigualdades.

Essa experiência, entretanto, tem reforçado minha convicção de que, apesar das contradições — ou exatamente por causa da existência delas — nesse espaço da exploração e da desigualdade encontram-se possibilidades de instalar a igualdade e a solidariedade necessárias para a construção da vida humana justa e feliz. É importante verificar como a reflexão crítica contribui para novas maneiras de olhar sua realidade de trabalho e para mudanças nas práticas cotidianas. A quem afirma que isso só é um jeito de contribuir para a melhoria do sistema capitalista, podemos afirmar, corajosamente e com base na prática, que isso é um jeito de contribuir para uma ampliação da consciência dos profissionais e das possibilidades de intervenção coletiva e crítica e, portanto, para a melhoria do trabalho e das relações sociais. (Rios, 2010b, p. 158)

Iniciei essa experiência há mais de vinte anos. Quando se trata de grupos compostos por profissionais de diferentes empresas, esses se interessam pelo trabalho e me trazem convites para fazê-lo com suas equipes. Tenho trabalhado com gerentes, supervisores, equipes de Recursos Humanos, secretárias, *trainees*. Nos cursos e palestras, estabelece-se uma viva discussão em torno das questões que se levantam. No depoimento dos participantes, sempre se faz menção à relevância dos temas e à necessidade de seu aprofundamento e do alargamento da discussão, estendendo-a a todos os profissionais das empresas.

Está claro que as transformações na maneira de os profissionais verem o mundo não levam imediata e diretamente a transformações no contexto concreto do trabalho. Seria ingenuidade afirmar que isso acontece. Entretanto, a ideia de que o trabalho competente não se identifica com a competição desleal, com a afirmação do individualismo, e que se realiza, sim, numa perspectiva coletiva, já passa a ganhar um espaço — ainda que pequeno, diante do que é desejável — no mundo das empresas, mesmo com as dificuldades impostas pelo mercado.

Essa é uma das razões que me levou a fazer uma revisão e ampliação deste livro. Julguei necessário contemplar, articuladas às questões que se discutem com relação ao trabalho do educador, aquelas que têm emergido nas discussões com os profissionais de outras áreas. Essa revisão não contempla, é verdade, todos os aspectos que poderiam ser aprofundados, mas procuro ampliar o espectro da reflexão, levando em conta todo o caminho trilhado desde a primeira publicação do texto.

Em virtude das alterações que foram feitas, modifica-se a estrutura do trabalho, que se organiza, agora, em cinco capítulos.

O primeiro destina-se a caracterizar o meu "instrumento de trabalho". Na medida em que proponho uma reflexão de caráter filosófico a profissionais que não têm contato próximo com a filosofia ou que têm dela ideias muitos diversificadas, julguei conveniente apontar as características desse tipo de reflexão, relevando sua dimensão de ética e de filosofia política, apontando as características que a distinguem de outros tipos de saber humano e a especificidade de sua contribuição.

O segundo capítulo explora as relações entre educação, cultura e sociedade, chamando atenção para a perspectiva política da prática educativa e procurando discutir alguns aspectos da escola em nossa sociedade. Os profissionais que desenvolvem seu trabalho em outras instituições constatarão que o que se diz da instituição escolar aplica-se, ressaltando-se as especificidades, a outros campos de trabalho. A questão da presença da dimensão ética ligada às demais dimensões da competência profissional é o objeto central de reflexão no terceiro capítulo. A ideia da articulação entre o dever, o saber, o poder e o querer, a necessidade de recuperação do consenso como suporte da política, norteiam a análise aí realizada. Como afirmei, acrescenta-se aí a referência à dimensão estética da competência.

O quarto capítulo foi escrito especialmente para esta edição. É nele que busco desenvolver o tema da competência profissional e suas dimensões no âmbito do trabalho nas empresas e outras organizações. Levando em conta as características da sociedade tecnológica contemporânea, procuro identificar os desafios que aí são propostos para um trabalho que tenha a ética como elemento fundante.

Finalmente, no quinto capítulo, articulando os elementos discutidos nos capítulos anteriores, procuro relacionar as noções de ética e utopia, defendendo a ideia de que a perspectiva utópica deve integrar uma atuação competente em todos os espaços de trabalho. Retomo, então, o que já antes afirmara: o desejo de que a utopia se manifeste na elaboração de *projetos*, nos quais se explorem as possibilidades das situações do presente e se recupere o significado da esperança, indicando-se alternativas para uma vida mais plena no futuro, que começa aqui, neste mesmo instante.

Para evitar repetições, remeto o leitor à Introdução, que se segue, escrita no verão de 1993. Ali eu fazia referência à renúncia de um presidente do Brasil, resultante de um movimento da sociedade que exigia ética na política. Ainda continuamos a fazer essa exigência — a necessidade é a mesma. Mas é outro o verão. E são outras as circunstâncias políticas. Acabamos de dar posse a uma presidenta, que chega ao poder com a expectativa esperançosa de grande parte dos brasileiros. É momento de reiterar a ideia que procuro defender neste livro: ela não fará um trabalho competente sozinha — é o esforço consciente e responsável de cada cidadão e de cada profissional que contribuirá na construção coletiva do país de que necessitamos e que merecemos.

Quero, por último, deixar meu agradecimento a todos que acolheram o livro em suas sucessivas edições. Suas observações e sugestões representaram uma valiosa contribuição ao esforço de aprimorar a discussão sobre os temas aqui enfocados. Destaco, para esta revisão, a disponibilidade de Fernando Rios, companheiro/leitor e meu revisor predileto, e Branca Jurema Ponce, amiga e leitora crítica de todos os meus escritos. Agradeço, de maneira especial, a Oscar Motomura e sua equipe da Amana-Key, que têm apresentado a publicação aos profissionais que participam de seus programas de gestão e criado espaço para que a filosofia e a ética "entrem na conversa" que ali acontece. Foi na Amana que ouvi de um de seus colaboradores mais antigos, José Domingos Ferreira da Cruz, que faz seu trabalho na copa e na portaria e que participou de um dos encontros em que apresentei meu trabalho, a afirmação de que "dia importante é dia em que se tem filosofia". Nada como algo assim para me fazer acreditar que vale a pena continuar a caminhada!

Terezinha Azerêdo Rios

São Paulo, verão de 2011

Introdução

Este trabalho foi apresentado como dissertação de mestrado ao Programa de Estudos Pós-Graduados em Filosofia da Educação da PUC-SP e defendido em junho de 1988.

Além da professora Mirian Jorge Warde, minha orientadora, participaram da Banca Examinadora os professores Carlos Roberto Jamil Cury e Selma Garrido Pimenta, que, atenta e cuidadosamente, fizeram observações extremamente valiosas. Colegas, alunos e amigos que o leram posteriormente trouxeram também sugestões preciosas com seus comentários. A discussão com profissionais aos quais tive a oportunidade de apresentá-lo criou a possibilidade de uma revisão constante dos temas problematizados. Em vista dessas contribuições, algumas alterações foram feitas para rever e ampliar certos aspectos, mas este livro ainda mantém boa parte do texto original. Não o considero um texto definitivo. Ao contrário, espero que, ao apresentá-lo a um público mais amplo, tenha a oportunidade de continuar a fazer um "polimento" e de investigar algumas questões que desafiam nossa prática cotidiana de profissionais da educação.

Meu ponto de partida foi a preocupação com uma questão que me parece extremamente relevante — *a formação do educador.* Enquanto professora de filosofia, e de filosofia da educação, tinha a intenção de contribuir para essa formação, que a meu ver vinha se fazendo entre nós de maneira precária, e que me impelia a buscar alternativas diferentes de atuação. Essa preocupação aumentava à medida que desenvolvia meu trabalho docente e entrava em contato com a bibliografia publicada, com as discussões realizadas em encontros, semanas de Pedagogia, conferências de Educação.

Na reflexão sobre a formação e o desempenho do educador destaquei um núcleo específico, relacionado com a questão da *qualidade* do trabalho educativo: a questão da *competência do educador*, mais especificamente a da presença de uma dimensão ética nesta competência.

Quando se fala em formação do educador, com vistas a uma profissionalização em que haja competência, menciona-se o duplo caráter dessa competência — sua dimensão *técnica* e sua dimensão *política*. Refiro-me a duas dimensões de um único elemento — dimensões distintas, mas profundamente articuladas: não posso me referir a uma sem a outra. E não se trata de uma constatação apenas em nível teórico, das categorias, mas de algo presente de fato na prática concreta dos educadores. Entretanto, a partir da explicitação dos componentes da competência, pode surgir uma dicotomia entre esses componentes, que gera uma discussão entre alguns educadores. De um lado, procura-se destacar a dimensão técnica (e a ideia de neutralidade no campo da educação); de outro, destaca-se a dimensão política (e a ideia da militância como indispensável para o trabalho educativo).

Creio que essa dicotomia é fruto de um velho vício de nossa formação cultural: "pensar a contradição" e não "pensar por contradição", como afirma Saviani (1980, p. 128), citando A. V. Pinto. Acostumamo-nos a raciocinar usando alternativas *exclusivas* (ou.../ou...), quando a realidade nos obriga a tomar consciência de que a conjunção correta é *aditiva*. A realidade não é sim ou não — ela é sim *e* não. No caso da competência, na verdade, nem sequer estamos diante de elementos contraditórios; pelo contrário, eles se interpenetram e completam o sentido da competência. Entretanto, mesmo levando em conta esforços valiosos para evitar a dicotomia, esse tipo de discussão ainda se mantém e provoca reflexões.

Considero que a dicotomia pode ser evitada, e superada, se tomarmos consciência de que há uma dimensão ética articulada à dimensão política e à dimensão técnica. Não se trata de acrescentar mais um elemento aos já existentes (o que certamente não faria avançar a discussão e só contribuiria para complicá-la), mas trata-se de apontar um elemento que existe como mediação entre as duas dimensões — inseparáveis — da competência.[1]

O fato de se estabelecer uma polêmica com relação à competência já revela uma preocupação com o *dever ser* do desempenho do educador. Se analisarmos a expressão *saber fazer bem* como explicitadora do que é necessário ao educador para que ele "ocupe o lugar que lhe compete" na organização social, vamos verificar que o advérbio *bem*

---

1. "O conceito de mediação indica que nada é isolado. Implica, então, o afastamento de posições irredutíveis e sem síntese superadora. Por outro lado, implica uma conexão dialética de tudo o que existe, uma busca de aspectos afins, manifestos no processo em curso. A distinção existente entre esses aspectos oculta uma relação mais profunda que é a fundamentação nas condições gerais da realidade". (Cury, 1985, p. 43)

indica algo que diz respeito tanto *à verdade*, do ponto de vista do *conhecimento*, como ao *valor*, do ponto de vista da *atitude* que se exige do educador. Ser competente é *saber fazer bem o dever*. Ao dever se articulam, além do saber, o querer e o poder. Pois é fundamental um *saber*, o domínio dos conteúdos a serem transmitidos e das técnicas para articular esse conteúdo às características dos alunos e do contexto, mas esse saber perde seu significado se não está ligado a uma vontade política, a um *querer* que determina a intencionalidade do gesto educativo. Este gesto não se exerce com seu sentido real de práxis, de trabalho, se não contar com a liberdade, enquanto *poder* de direcionamento do processo.

A dimensão ética da competência não está presente apenas na competência *do educador*. Ela faz parte da competência profissional, qualquer que seja o espaço de atuação dos indivíduos. Neste livro, destaco a competência do educador, na medida em que reflito sobre uma prática que é a minha, e da qual tenho estado mais próxima, até por "dever de ofício".

Em que medida a "descoberta" da perspectiva ética presente na competência profissional pode contribuir para uma melhoria na qualidade do trabalho que fazemos?

Penso que uma visão clara, abrangente e profunda do papel que desempenha e deve desempenhar na sociedade permite ao educador uma atuação mais competente. Não quero dizer que basta ver claro para agir bem, uma vez que consciência e vontade não são sinônimos, mas que a atitude crítica — filosófica — do educador sobre os meios e os fins de sua atuação o ajudará a caminhar mais seguramente na direção de seus objetivos.

"Quero a utopia, quero tudo e mais", diz o verso de Fernando Brant. Quero ressaltar aqui minha crença na possibilidade de se produzirem mudanças significativas na sociedade a partir de uma ação mais competente em cada espaço profissional. No que diz respeito especificamente ao trabalho dos educadores, creio que as mudanças acontecerão se houver, no contexto escolar, um estilo de trabalho que caminhe no sentido de olhar criticamente as experiências e de partilhá-las, para que o pensar e a prática tenham sua qualidade aprimorada.

Ao fazermos referência a uma reflexão de caráter filosófico, não podemos deixar de perceber seu caráter de *eticidade*. Isso significa que a filosofia, quando se volta para a educação, como prática humana, o faz numa perspectiva ética, de problematização dos valores que fundamentam esta prática. E aí está um outro núcleo deste trabalho. A filosofia da educação *é ética*, e ao dizer isso não estou *adjetivando* a reflexão filosófica. Quero apenas afirmar que, ao ser reflexão sobre a educação, ao problematizar seus fundamentos, a filosofia se reveste de uma feição peculiar: está-se considerando a educação do ponto de vista da ética, *da reflexão crítica sobre determinados valores presentes no comportamento humano em sociedade.*

Escrevo esta Introdução no verão de 1993. A ética tornou-se um tema privilegiado entre nós, em virtude de acontecimentos que mobilizaram os brasileiros e que vieram a culminar na renúncia do presidente da República. O Movimento pela Ética na Política, as análises sobre a presença da corrupção na sociedade e a violência nas relações sociais trouxeram à tona questões tão antigas como o ser humano, mas que ganharam contornos novos em função do momento histórico em que são retomadas e formuladas.

Este livro não quer atender a um apelo da moda, mas pretende juntar-se a outros no sentido de entrar na discussão e contribuir para uma reflexão crítica dos profissionais da educação, participantes desta sociedade e das quais se reclama uma atitude específica diante das situações que todos estamos vivenciando.

Creio que a especificidade desta contribuição possa estar, mais uma vez, na tentativa de superar o senso comum, que em geral não faz distinção entre os conceitos de ética e de moral, banalizando de certa forma as discussões e favorecendo com frequência as atitudes moralistas, tão graves quanto a atitude cínica que hoje nos desafia e ameaça, descartando a perspectiva de um projeto mais consistente de sociedade e trabalho.

Este livro está organizado em quatro capítulos.

O primeiro preocupa-se em caracterizar o meu "instrumento de trabalho". "Numa tese de filosofia", diz Umberto Eco (1983, p. 113), "não será preciso começar explicando o que é filosofia..." Entretanto, julguei conveniente falar a respeito da reflexão filosófica sobre a educação, relevando sua dimensão de ética e de filosofia política, apontando as características que a distinguem de outros tipos de saber humano e a especificidade de sua contribuição.

O segundo capítulo procura indicar as relações entre educação, cultura e sociedade, chamando atenção para a perspectiva política da prática educativa e procurando discutir alguns aspectos da escola em nossa sociedade.

A questão da presença da dimensão ética ligada à dimensão técnica e à dimensão política da competência é o objeto central de reflexão no terceiro capítulo. A ideia da articulação entre o dever, o saber, o poder e o querer, a necessidade de recuperação do consenso como suporte da política, norteiam a análise aí realizada.

Finalmente, no quarto capítulo, articulando os elementos discutidos nos capítulos anteriores, procuro relacionar as noções de ética e utopia. Reflito sobre a perspectiva utópica que deve integrar uma atuação competente, que se manifeste na elaboração de *projetos*, nos quais se explorem as possibilidades das situações do presente e se recupere o significado da esperança, indicando-se alternativas para uma vida mais plena no futuro, que começa aqui, neste mesmo instante.

Capítulo 1

A filosofia e a compreensão da realidade: ética — política — filosofia no contexto profissional

> Nunca se protele o filosofar quando se é jovem, nem canse o fazê-lo quando se é velho, pois que ninguém é jamais pouco maduro nem demasiado maduro para conquistar a saúde da alma. E quem diz que a hora do filosofar ainda não chegou ou já passou assemelha-se ao que diz que ainda não chegou ou já passou a hora de ser feliz. (*Epicuro*)

Este pretende ser um trabalho de *filosofia*. Isso significa que tenho a intenção de debruçar-me sobre algumas questões que têm lugar no terreno da *prática profissional*, mas que pretendo fazê-lo da janela *da filosofia*, isto é, "à moda da filosofia".

Para introduzir os leitores no território da filosofia, devo convidá-los a ir à Grécia do século VI a.C., quando Pitágoras cunha o termo *philosophia*, unindo *philia*, cujo significado é "amizade", a *sophia*, que significa "sabedoria", para indicar a "procura amorosa da sabedoria".

Por que o convite ao momento histórico da "passagem do mito à razão", como afirmam os estudiosos desse período? Porque é importante procurar o "começo", se assim podemos dizer, de um determinado tipo de reflexão do homem. Como todo saber, a filosofia é *histórica* — transforma--se e explica-se a partir de problemas bem específicos de cada contexto histórico. Não será, entretanto, propriamente a partir dos problemas que descobriremos a especificidade do conhecimento filosófico, mas a partir do modo peculiar com que ele se volta para os problemas para considerá-los. Esse gesto, sim, é que pode nos levar a distinguir o filósofo dos outros pensadores. Estaríamos, portanto, indo à "inauguração" do *gesto filosófico*.[1]

Além disso, é preciso verificar a significação que tem o termo "sabedoria" na Grécia dos pré-socráticos. Nesse contexto, ele significa *saber total, saber da totalidade*. Que, naquele momento, é considerado um atributo de deuses. Só deuses são sábios. Para os homens, seres imperfeitos, limitados, fica o desejo de se aproximar desse saber, a ami-

---

1. É preciso esclarecer que não se fala em "começo" da filosofia como se, num momento preciso, de repente, o homem começasse a filosofar. Mesmo no período em que o mito como interpretação da realidade predomina, já se encontram germes da investigação racional, assim como se podem descobrir vestígios de interpretação mítica no pensamento que se estrutura racionalmente. O que se procura é verificar como a atitude do homem na sua tentativa de conhecimento e intervenção na realidade vai se modificando. Em vez de se mencionar o começo da filosofia, fala-se mais frequentemente em origens do filosofar, isto é, naqueles elementos que impulsionam o homem a assumir uma atitude filosófica. A admiração, a dúvida, as questões existenciais, aquilo que se converte em *problema* para os homens é que os leva a filosofar. Entenda-se problema como uma questão que me desafia e que tenho *necessidade* de superar.

zade que procura se familiarizar com ele. O filósofo se define, portanto, como o *amigo da sabedoria*, desejoso do saber total.

Apesar das múltiplas direções que a investigação filosófica tomou desde aquele tempo, até hoje a filosofia guarda esse sentido de *busca do saber inteiro*. E é na busca da "inteireza" do saber que se revela o núcleo da reflexão filosófica, denotador do gesto do filósofo a que me referi. Porque aponta para a abrangência, a profundidade e a clareza que caracterizam aquela investigação. A reflexão filosófica quer ver *claro, fundo e largo* o seu objeto.[2]

Pode-se dizer — e com razão — que essas são características de qualquer reflexão crítica, como, por exemplo, a que se dá no âmbito das ciências. Entretanto, há uma característica que distingue o saber filosófico do saber científico, e que é *específica* da filosofia — a *compreensão*. O termo nos leva às ideias de prender com, de apropriar-se, não no sentido puramente lógico, epistemológico. A filosofia procurará apropriar-se da realidade para ir além da explicação, da descrição, para buscar o *sentido* (na dupla acepção de *direção* e de *significado*) dessa realidade. E se é preciso buscar o sentido, na verdade será preciso buscar os fundamentos, as raízes, numa perspectiva diversa de outros saberes.

A *philo-sophia* caracteriza-se então como uma reflexão que busca compreender o sentido da realidade, do homem em sua relação com a natureza e com os outros, do trabalho

---

2. Esta afirmação se sustenta na definição de filosofia apresentada por Saviani (1980, p. 24): "[...] a reflexão filosófica, para ser tal, deve ser radical, rigorosa e de conjunto". Ou seja: *radical*, que vai até as raízes do problema investigado; *rigorosa*, que age sistematicamente, segundo métodos determinados; e *de conjunto*, que insere a questão investigada no contexto em que ela existe.

do homem e seus produtos: a cultura e a história. É enquanto re-flexão que descobrimos a filosofia sempre como *filosofia de*. Às vezes tenta-se menosprezar o conhecimento filosófico por não ter um objeto próprio, na medida em que qualquer objeto pode ser objeto do filosofar. Deve-se então retomar a afirmação de que *não é pelo objeto que a filosofia se define. Ela tem sempre como objeto os problemas que a realidade apresenta, sejam quais forem esses problemas e o lugar em que se situam.*

Isso demonstra a estreita relação entre a filosofia e os outros campos do saber. Objetos que já se constituíram em preocupação de cientistas, de religiosos, de artistas, são também objetos da filosofia, na medida em que o filósofo se volta para eles à sua maneira peculiar, mas com um *objetivo* diverso. Poderíamos aqui nos remeter à conhecida afirmação de Gramsci de que "todos os homens são filósofos" (1978, p. 11), pois a filosofia não é um tipo de conhecimento reservado a alguns privilegiados e não se é filósofo ou artista ou religioso ou cientista, de uma forma excludente. Todo homem, seja qual for o seu espaço de pensamento e de ação, *torna-se* filósofo quando interroga o mundo de uma maneira específica, buscando *compreendê-lo* a fim de transformá-lo.

A filosofia é sempre filosofia *de*. Neste livro, ela pretende ser filosofia da prática profissional. As questões aqui abordadas encontram-se no contexto profissional. É para ele que se voltará minha reflexão, com as características que apontei. As ciências serão auxiliares preciosas para essa reflexão, que procurará caminhar de um modo diverso, no sentido de responder às questões que nos desafiam.

O próprio modo de apresentar a pergunta já indica, na filosofia, um modo diverso de caminhar para encontrar sua resposta. Ao se caracterizar como *busca de sentido*, em sua dupla acepção, a filosofia perguntará: *para onde vai?... de que vale?...* Ao perguntar "de que vale?", refiro-me à presença dos valores na realidade, voltando para eles minha investigação. Já me dirijo, portanto, ao terreno da *ética*, espaço da reflexão filosófica que se define como a reflexão crítica, sistemática, sobre a presença dos valores na ação humana. Procurarei explorar, mais adiante, com mais profundidade, a questão da historicidade desses valores e da própria ação humana.

A filosofia não deve ser considerada como um saber que paira sobre as sociedades, assim como os valores não devem ser vistos como significações estáticas, relacionados a algo absoluto, imutável. E na própria história das civilizações que podemos verificar a presença de valores em mutação. Numa mesma cultura constatamos a mudança de valores no decorrer do tempo, assim como percebemos valores diferentes em diferentes culturas. O que vale registrar, neste momento, é que nunca deixamos de constatar, qualquer que seja a cultura, a presença de valores.

Não é apenas no campo da moralidade que se encontram valores. Dizemos que existe valoração na medida em que qualquer interferência do homem na realidade se dá na perspectiva de conferir um significado a esta realidade. Podemos falar em valores na perspectiva da *lógica* — a qualificação dos enunciados como verdadeiros ou falsos (verdade/erro — é a polaridade), ou na perspectiva da *estética* — a qualificação dos produtos como belos ou feios (beleza/ fealdade), por exemplo. Quando se qualifica um comportamento como bom ou mau, tem-se em vista um critério que é definido no espaço da *moralidade*. E isso interessa à filosofia, no plano da ética — buscar o fundamento dos valores que sustentam esse comportamento. A Verdade, o Belo, o Bem não são conceitos estáticos, definidos de uma vez por todas; são conceitos *construídos socialmente*. Se os queremos investigar criticamente, precisamos buscar seus fundamentos, os interesses em que estão enraizados.

Não é sem razão que afirmamos que o homem é um ser simbólico. Sua relação com o mundo é sempre revestida de uma significação, de uma valorização. O homem jamais encontra o mundo face a face, imediatamente. Seu encontro é sempre mediatizado pela significação, pela perspectiva simbólica.

> A linguagem, o mito, a arte, a religião são partes do universo simbólico. São vários os fios que tecem a rede simbólica, a teia emaranhada da experiência humana. Todo o progresso humano no pensamento e na experiência aperfeiçoa e fortalece esta rede. (Cassirer, 1977, p. 50)

O comportamento é o arranjo dos diversos papéis que desempenhamos em sociedade. Há, sabemos, em cada sociedade, "modelos", "scripts" prontos para esses papéis, entendendo-se "pronto" como "preparado" pelos homens que compõem essa sociedade. Se me refiro, por exemplo, a "uma jovem educadora", já indico três papéis que ela desempenha: *uma* me remete ao papel que lhe cabe enquanto mulher, *jovem* acena para os qualificativos próprios de uma certa faixa de idade, *educadora* traz os indicativos de uma determinada profissão.

Quando falo em desempenho, faço referência ao que *é preciso* fazer na representação de cada papel. Utilizando a expressão "é preciso", somos remetidos ao *dever* que está presente no bojo das ações humanas em sociedade. Como seres sociais, o que somos está sempre ligado ao que *devemos ser*, que é indicado pelas regras do coletivo de que fazemos parte.

O conteúdo dos papéis não tem sido o mesmo em toda as sociedades, indistintamente. Em cada sociedade, em função da organização específica da vida de seus membros, do trabalho, da produção da vida material, organiza-se também o comportamento "desejável" para cada um daqueles membros. O papel de pai, por exemplo, teve caraterísticas diferentes nas sociedades primitivas, nas sociedades medievais, na moderna, na nossa sociedade, assim como tem características diferentes em culturas contemporâneas diferentes.

Cada sociedade possui seu *ethos*, ou se compõe de um conjunto de *ethos*, jeitos de ser, que conferem um caráter àquela organização social.

> O indivíduo trabalha e consome, aprende e cria, reivindica e consente, participa e recebe: a universalidade do *ethos* se desdobra e particulariza em *ethos* econômico, *ethos* político, *ethos* social propriamente dito. (Vaz, 1988, p. 22)

Os papéis sociais têm seu fundamento no *ethos* de uma sociedade. É importante fazer aqui algumas distinções que permitirão compreender melhor os conceitos com os quais estamos lidando — é importante distinguir *ethos* e ética, ética e moral.

No cotidiano, vemos que os conceitos de ética e de moral se confundem ou se identificam. Não sem razão. Se recorrermos à origem etimológica das palavras, vamos encontrar os vocábulos *ethos* (grego) e *mores* (latino), que significam, ambos, costume, jeito de ser. Costume nos remete à criação cultural. Não há costume na natureza. O costume é um jeito inventado de viver em sociedade, resulta no estabelecimento de um valor para a ação humana, que é criado, conferido pelos próprios homens, na sua relação uns com os outros.

O *ethos* é a casa do homem [...] o espaço do *ethos*, enquanto espaço humano, não *é dado* ao homem, mas por ele *construído* ou incessantemente reconstruído. (Vaz, 1988, p. 12)

O domínio do *ethos* é o da moralidade, do estabelecimento de deveres, a partir da reiteração das ações e da significação a elas atribuída. "O *ethos* é a face da cultura que se volta para o horizonte do dever-ser ou do bem." (Vaz, op. cit., p. 19)

A moral pode ser definida como

um conjunto de normas e regras destinadas a regular as relações dos indivíduos em uma comunidade social dada. (Vázquez, 1975, p. 25)

Em que se sustentam essas normas e regras? Nos valores criados pelos sujeitos em suas relações entre si e com a natureza. Porque não se pode falar em valores "em si", mas sim em significações que se criam a partir de propriedades concretas, reais, existentes no mundo, na relação que os homens estabelecem. Isso vale especialmente para os valores morais.

É no espaço da moralidade que aprovamos ou reprovamos o comportamento dos sujeitos, que o designamos como correto ou incorreto. Quando indagamos: como agir como mulher? como agir como jovem? como agir enquanto educador?, estamos embutindo em nossa pergunta a expressão "corretamente": como agir corretamente como...? Pois há sempre uma expectativa em relação ao desempenho dos papéis, desempenho que se aceita ou se rejeita socialmente.

Ao mencionarmos as relações estabelecidas socialmente pelos homens, não podemos deixar de verificar que são relações que envolvem a organização do *poder* na sociedade. A articulação entre o dever e o poder leva-nos a perceber a relação entre *moral* e *política* — o dever se estabelece na *polis*, em uma determinada *organização social*, em que se estruturam diversas formas de poder.

O poder é definido por vezes como uma relação entre dois sujeitos, dos quais um impõe ao outro a própria vontade e lhe determina, malgrado seu, o comportamento. Mas, como o domínio sobre os homens não é geralmente fim em si mesmo, mas um meio para obter "qualquer vantagem" ou, mais exatamente, "os efeitos desejados", como acontece com o domínio da natureza, a definição de poder como tipo de relação entre sujeitos tem de ser completada com a definição do poder como posse dos meios (entre os quais se contam como principais o domínio sobre os outros e sobre a natureza), que permitem alcançar justamente uma "vantagem qualquer", ou os "efeitos desejados". O poder político pertence à categoria do homem sobre outro homem e não do homem sobre a natureza. Esta relação de poder é expressa de mil maneiras, onde se reconhecem fórmulas típicas da linguagem política: como relação entre governantes e governados, entre soberano e súditos, entre Estado e cidadãos, entre autoridade e obediência etc. (Bobbio, 1986, p. 954-5)

A atividade política se distingue, portanto, de algo que se dá na esfera do natural. A possibilidade que tenho de exercer influência sobre algo da natureza é fundamentalmente distinta da minha possibilidade de exercer influência sobre alguém, por meio de princípios estabelecidos socialmente. O *ethos* se realiza na instância da *polis*.

A ética se apresenta como uma reflexão crítica sobre a moralidade, sobre a dimensão moral do comportamento do homem. Cabe a ela, enquanto investigação que se dá no interior da filosofia, procurar ver — como afirmei antes — claro, fundo e largo os valores, problematizá-los, buscar sua consistência. É nesse sentido que ela não se confunde com a moral. No terreno desta última, os critérios utilizados para conduzir a *ação* são os mesmos que se usam para os *juízos* sobre a ação, e estão sempre indiscutivelmente ligados a interesses específicos de cada organização social. No plano da ética, estamos em uma perspectiva de um juízo crítico, próprio da filosofia, que quer compreender, quer buscar o sentido da ação. Vázquez (1975, p. 13) confirma a distinção feita, quando explica que

> as proposições da ética devem ter o mesmo rigor, a mesma coerência e fundamentação das proposições científicas. Ao contrário, os princípios, as normas ou os juízos de uma moral determinada não apresentam esse caráter. Não existe uma moral científica. [...] A moral não é ciência, mas objeto da ciência; e, neste sentido, é por ela estudada e investigada. A ética não é a moral e, portanto, não pode ser reduzida a um conjunto de normas e prescrições; sua missão é explicar a moral efetiva. [...] A ética pode servir para fundamentar uma moral, sem ser em si mesma normativa ou preceptiva.

A moral, em uma determinada sociedade, indica o comportamento que deve ser considerado *bom* e *mau*. A ética procura o fundamento do valor que norteia o comportamento, partindo da historicidade presente nos valores.

O que se afirma com relação à ética e à moral vale também para a filosofia política e a política. Enquanto filosofia política, a reflexão filosófica volta-se criticamente sobre a perspectiva política do relacionamento social dos homens, seus fundamentos, seu sentido.

> É em função de um determinado bem que os homens vivem em sociedade. Trata-se então de saber que bem é esse, em função do qual os homens se decidem a construir uma comunidade política. E aqui se delineia um outro horizonte de investigação que vai no sentido de definir esse bem. [...] É praticamente impossível separar o problema da constituição da comunidade política da determinação de certos fins éticos que se caracterizam pela busca dos ideais de justiça, de felicidade etc., sempre considerados como um bem ao qual todos aspiram. (Nascimento, 1984, p. 240).

Por isso a questão "de que vale...?" (proposta no plano da ética) leva necessariamente à questão *para onde vai...*", proposta pela filosofia política. "Para onde vai...?" quer dizer: quais são os fins? Como se articulam com os meios? É a intersecção entre o *poder* e o *dever* estabelecidos historicamente pelos sujeitos.

Se me disponho a fazer filosofia da prática profissional, tudo o que tenho dito ao tentar caracterizar o esforço filosófico de reflexão se aplica ao me voltar para as questões que nos desafiam nesse campo. Quando falo em filosofia da educação, por exemplo, refiro-me à "reflexão sobre os problemas que a *realidade educacional* apresenta". Falo da busca de compreensão do sentido de questões que se encontram no espaço da educação. A filosofia da educação será sempre uma reflexão que se fará não apenas numa perspectiva *gnosiológica ou ontológica*, mas *ética e política*. Isso tem a ver, ao mesmo tempo, com as características da filosofia e com as dimensões da práxis humana, da qual a práxis educativa é um aspecto.

É pela reflexão na ordem da ética que a filosofia pode esclarecer melhor a prática pedagógica. A práxis humana, à qual pertence a prática educativa, pode, certamente, ser esclarecida pela análise psicológica, e pela análise sociológica, mas essa práxis não pode ser inteiramente elucidada, nem fundada na razão, sem recurso à reflexão ética e a busca filosófica dos fundamentos da moralidade. (Lévèque e Best, 1974, p. 99).

O mesmo se pode afirmar da investigação que se volta para outras áreas de atuação profissional. Ao investigarmos o fenômeno da prática profissional do ponto de vista da totalidade, procuramos vê-lo em todos os seus componentes: um componente *econômico*, enquanto relacionado à produção da vida material, parte do trabalho humano na sociedade; um componente *político*, no que diz respeito ao poder que permeia as relações dos indivíduos e dos grupos na sociedade; um componente *ético*, a partir do que diz respeito aos valores que subjazem à prática desses indivíduos e grupos.

A filosofia, enquanto é *reflexão*, tem um caráter teórico. Enquanto *filosofia de*, ela é uma reflexão que ganha seu sentido na medida em que se volta para a prática dos sujei-

ÉTICA E COMPETÊNCIA 37

tos, em qualquer âmbito que essa aconteça. A filosofia se aplica a questões. E ela é histórica, como as questões sobre as quais se aplica. É por isso que uma filosofia da educação hoje, no Brasil, sem cair em um pragmatismo imediatista, só merecerá seu nome se estiver atenta aos problemas da educação que se faz aqui e agora, e buscar superá-los. E uma reflexão sobre as questões do mundo das organizações só ganha sentido se parte das contradições e dos desafios que aí se encontram e se dispõe a enfrentá-los.

Resta mencionar o sentido de *busca* presente na especificação da *philo-sophia*. Enquanto busca, o filosofar é constante caminhar, é caracterizado exatamente pela interrogação, menos que pelos pontos finais. Por isso, vale lembrar com Neidson Rodrigues (1984, p. 15) que a filosofia é análoga a um farol, não a um indicador de caminhos. O farol tem a função de iluminar os caminhos, que podem ser múltiplos, para que nos decidamos por aquele que nos leva melhor a nosso objetivo, e até mesmo para que criemos novos caminhos.[3]

É assim que julgo adequado fazer a filosofia que aqui proponho — buscando clarear as questões, ver fundo e abrangentemente os problemas, com a finalidade de descobrir e, a partir da prática, criar/apontar perspectivas para

---

3. O que se costuma solicitar à Filosofia é que ilumine o sentido teórico e prático daquilo que pensamos e fazemos, que nos leve a compreender a origem das ideias e valores que respeitamos ou que odiamos, que nos esclareça quanto à origem da obediência a certas imposições e quanto ao desejo de transgredi-las; enfim, que nos diga alguma coisa acerca de nós mesmos, que nos ajude a compreender como, por que, para quem, por quem, contra quem ou contra o que as ideias e os valores foram elaborados e o que fazer deles. (Marilena Chaui)

o trabalho que se está realizando, em todos os campos profissionais.

Nos capítulos que se seguem serão abordadas questões que dizem respeito ao contexto social em que se realiza a prática profissional e às dimensões da competência profissional. Nos dois primeiros, centrarei minha reflexão no campo de trabalho dos educadores. A seguir, procurarei estendê-la às outras áreas de atuação profissional. Na verdade, os profissionais dessas áreas constatarão as semelhanças do que se passa no terreno da educação com os contextos em que desenvolvem seu trabalho. Haverá possibilidade de fazer "transposições" que auxiliem a compreensão dos conceitos e dos fenômenos. De qualquer modo, buscarei efetivar essa reflexão articuladora no capítulo 4.

Capítulo 2

Educação e sociedade: perspectiva política da prática educativa

Que é a sociedade, qualquer que seja sua forma? O produto da ação recíproca dos homens. Os homens que produzem as relações sociais no que diz respeito a sua produção material criam também as ideias, as categorias; isto é, as expressões ideais, abstratas, dessas mesmas relações. (*Karl Marx*)

Na espécie humana a educação não continua apenas o trabalho da vida. Ela se instala dentro de um domínio propriamente humano de trocas: de símbolos, de intenções, de padrões de cultura e de relações de poder. (*Carlos R. Brandão*)

Ao pretender lançar um olhar claro, fundo e largo sobre a educação, a reflexão deve partir da situação, do contexto social que envolve essa educação. É esse contexto que a caracteriza, que lhe confere especificidade. Falar da educação brasileira, por exemplo, significa ir à sociedade brasileira para verificar as determinações que essa, organizada de um modo específico, nos moldes do sistema capitalista, confere ao processo educativo. Importa, então, procurar estabelecer as relações entre educação, cultura e sociedade, centrando a atenção na perspectiva política da prática educativa e procurando apontar, ainda que brevemente, algumas características de que se reveste a escola em nossa sociedade.

Cultura, sociedade, trabalho

Para falar da educação enquanto fenômeno histórico e social, é preciso que se percorra brevemente o caminho de uma reflexão sobre a cultura, na medida em que se pode afirmar — recorrendo-se a uma definição extremamente abrangente — que *educação é transmissão de cultura*.

O conceito de cultura é um conceito-chave a ser considerado ao se estabelecer a relação entre educação e sociedade, uma vez que ele está, de certo modo, contido nesses dois outros. Não há sociedade sem cultura e não se fala em cultura sem a referência a uma relação social.

A *cultura* pode ser definida, em primeira instância, como *mundo transformado pelos homens*. Se vamos partir daí, é preciso fazer referência às relações dos homens com essa realidade que os cerca e da qual eles fazem parte e que se chama mundo.

O homem é um ser-no-mundo. Ele não é, primeiro, e depois é no mundo. Ser no mundo já é constituinte de seu ser homem.

A implicação recíproca homem-mundo, mundo e homem não significa uma relação exterior, fortuita e acidental, mas,

ÉTICA E COMPETÊNCIA

ao contrário, com a compenetração ontológica, constitutiva dos dois termos entre os quais a relação se estabelece. Não estamos no mundo como os objetos físicos estão dentro uns dos outros, como o livro está na estante, a estante na sala, a sala na casa etc. O nosso estar ou ser no mundo tem um alcance muito mais profundo, pois não se trata de uma justaposição no espaço, nem de uma inclusão meramente física, mas de uma relação de inerência que afeta, na própria estrutura ontológica, os dois termos constitutivos da relação. (Corbisier, 1966, p. 240-1)

Não há homem sem mundo, portanto. E se falamos em uma "implicação recíproca", não há mundo sem homem. Ao dizer isto, vou ao encontro do poeta que afirma:

Mundo mundo vasto mundo
mais vasto é meu coração. (Drummond, 1983, p. 4)

Será mesmo meu coração mais vasto que o mundo? O que se pode constatar, em última instância, é que o mundo está dentro do homem, e dele resulta. Isso não significa absolutamente que ele seja uma criação fantasiosa, ou que é uma realidade que desaparece quando o homem lhe dá as costas, mas sim que o mundo existe para o homem na medida do conhecimento que o homem tem dele e da ação que exerce sobre ele.

O que é este mundo com o qual o homem entra em contato?

Ele se apresenta aos homens em uma dupla dimensão. A primeira é a que chamamos *natureza*. É o mundo que independe do homem para existir, do qual os próprios homens fazem parte em seus aspectos biológicos, fisiológicos. E existe um outro aspecto que é, sem dúvida, o mais significativo, que é o que chamamos de *cultura* — mundo transformado pelo homem. A primeira coisa que leva os homens a fazerem cultura é a necessidade. Eles estão presos a certos elementos que os pressionam a organizar sua vida, e o primeiro instante é o de garantia da sobrevivência. É por isso mesmo que falamos em responder a ou satisfazer necessidades *básicas*. Entretanto, no momento mesmo em que os homens tentam interferir na natureza para satisfazer algumas necessidades, eles já põem em ação sua razão e sua criatividade, elementos inseparáveis. Por exemplo, os homens têm necessidade de se alimentar. Eles criam os alimentos de uma maneira específica, combinam sabores, fazem arranjos determinados etc. Cria-se cultura porque as maneiras de atender às necessidades não estão inscritas na natureza do homem, como acontece com os animais.

> Para que o homem satisfaça propriamente suas necessidades, ele tem que libertar-se delas, superando-as, ou seja, fazendo com que sejam especificamente humanas. Isso quer dizer que a necessidade humana tem que ser inventada ou criada. O homem, portanto, não é apenas um ser de necessidades, mas sim o ser que inventa ou cria suas próprias necessidades. (Vázquez, 1975, p. 141-2)

A invenção de necessidade se dá justamente porque o homem é um ser *de desejos* (Alves, 1981, p. 19). "Colados" às necessidades, eles se manifestam como fonte do humano, propulsores da passagem do *estabelecido* para o *inventado*. É por isso que se afirmou acima que temos *necessidade de comer*, temos *desejo de comer determinados alimentos*; temos

ÉTICA E COMPETÊNCIA

necessidade de nos abrigar, desejamos estar abrigados em determinados tipos de moradia etc.

O conceito de desejo indicará a presença da liberdade associada à necessidade — da cultura como "ultrapassante" do determinismo da natureza, como "aventura estranhíssima do homem não se conformar com o mundo que está aí e querer criar um mundo diferente". (Di Giorgi, 1990, p. 130)

O senso comum costuma identificar cultura como erudição, acúmulo de conhecimentos, atividade intelectual. Diz-se mesmo que alguém "é muito culto" quando domina certo tipo de saber privilegiado. O trabalho dos cientistas sociais, dos antropólogos principalmente, contribuiu para dar ao conceito uma conotação mais precisa; cultura é, na verdade, tudo o que resulta da interferência dos homens no mundo que os cerca e do qual fazem parte. Ela é a resposta humana à provocação da natureza e é ditada não por esta, mas pelo próprio homem. Ela se constitui no "ato pelo qual ele vai de *homo sapiens* a ser humano" (Di Giorgi, ibid.).

Assim, não se pode falar em sujeitos cultos e não cultos. Todos os homens são cultos, na medida em que participam de algum modo da criação cultural, estabelecem certas normas para sua ação, partilham valores e crenças.

Tudo isso é resultado do *trabalho.* Por isso não se fala em cultura sem se falar em trabalho, intervenção intencional e consciente dos homens na realidade, elemento distintivo do homem dos outros animais. É fundamental chamar a atenção para isso se se procura associar o conceito de cultura ao conceito de saber e se se procura eliminar desse a significação inadequada de erudição, de conhecimento refinado. É o trabalho, é o labor que faz os homens saberem. É o trabalho que faz os homens *serem*. O trabalho é, na verdade, a essência do homem. E a ideia de trabalho não se separa da ideia de sociedade, na medida em que é *com os outros* que o homem trabalha e cria a cultura.

> À medida que as relações do homem com o mundo deixam de ser as de um animal simplesmente adaptado ao mundo, para se converterem, simultaneamente com isso, em relações de adaptação do mundo a ele, o que impõe a transformação deliberada e artificial da realidade exterior, aparece o *trabalho* como o modo pelo qual o homem começa a *produzir* para si o mundo, os objetos e as condições de que precisa para existir. A primeira coisa que o homem produz é o mundo, entendido não simplesmente com o "estar aí" da existência inerte das coisas, mas o mundo tornado humano pela presença do homem, e pela organização social que, pelo trabalho, lhe impõe. (Vieira Pinto, 1969, p. 84-5)

Até agora venho falando do homem, sociedade, cultura, trabalho, de modo genérico. No momento em que faço referência à história, constato, na própria história, que não existem um homem, uma cultura, um trabalho *abstratos*, mas que eles ganham sua configuração exatamente no processo de transformação *concreta* da realidade, na produção da vida *em determinadas condições*. Assim é necessário estar atento para as características que as sociedades, o trabalho, os homens assumiram, por força de sua intervenção no mundo e das relações que a partir daí se estabeleceram, para podermos compreender como se dão hoje, na nossa sociedade, as articulações que estamos investigando.

ÉTICA E COMPETÊNCIA

Sociedade, educação, escola

Qualquer sociedade se organiza com base na produção da vida material de seus membros e das relações daí decorrentes. A cultura, enquanto elemento de sustentação da sociedade e patrimônio dos sujeitos que a constituem, precisa ser preservada e transmitida exatamente porque não está incorporada ao patrimônio natural. As diversas instituições sociais têm como objetivo primordial a preservação e a transmissão da cultura.

Pode-se dizer, em sentido amplo, que a educação, definida como processo de transmissão de cultura, está presente em todas as instituições. Entretanto, em sociedades como a nossa há uma instituição cuja função específica é a transmissão da cultura — esta instituição é *a escola*. Ela é o espaço de transmissão sistemática do saber historicamente acumulado pela sociedade, com o objetivo de formar os indivíduos, capacitando-os a participar como agentes na construção dessa sociedade.

Em cada sociedade a estrutura da organização do trabalho configura de modo peculiar o processo educativo, a tarefa da educação escolar. A sociedade capitalista se caracteriza por ter sua organização sustentada numa contradição básica — aquela que se dá entre capital e trabalho — e que provoca a divisão de seus membros em duas classes antagônicas: a classe burguesa e a classe trabalhadora. Não queremos explorar aqui as características daquela contradição e da divisão de classes. Entretanto, não podemos deixar de apontar seus "efeitos" no campo da prática dos educadores. Na sociedade capitalista, a escola enquanto instituição tem sido o espaço de inserção dos sujeitos nos valores e crenças da classe dominante.

A educação se opera, na sua unidade dialética com a totalidade, como um processo que conjuga as aspirações e necessidades do homem no contexto objetivo de sua situação histórico-social. A educação é, então, uma atividade humana partícipe da totalidade da organização social. Essa relação exige que se a considere como historicamente determinada por um modo de produção dominante, em nosso caso, o capitalismo. E, no modo de produção capitalista, ela tem uma especificidade que só é inteligível no contexto das relações sociais resultantes do conflito de duas classes fundamentais. (Cury, 1985, p. 13)

Ao me referir a valores e crenças, já devo fazer referência à *ideologia* que está presente na sociedade, permeando as relações em todas as instituições, mas que encontra na escola um campo privilegiado para instalar-se, no bojo do saber a ser transmitido.

A ideologia liberal é, do ponto de vista das ideias, o elemento de "sustentação" do sistema capitalista. Elaborado "no contexto das lutas de classe da burguesia contra a aristocracia" (Cunha, 1975, p. 27), este conjunto de ideias, crenças, valores, ganha corpo e se solidifica cada vez mais no processo de desenvolvimento das sociedades capitalistas, e é utilizado para justificar as características que essas apresentam.

A ideologia caracteriza-se por dissimular a realidade, apresentando como "naturais" elementos que na verdade são determinados pelas relações econômicas de produção, por interesses da classe economicamente dominante. Assim,

ÉTICA E COMPETÊNCIA

as diferenças sociais entre os sujeitos, as discriminações, são justificadas com base em princípios que, considerados isolados de um contexto histórico específico, aparecem como inegavelmente "verdadeiros", mas que, analisados à luz de uma visão crítica, encobrem uma realidade que é preciso denunciar.

Isso é evidente na escola brasileira. O discurso liberal permeia, entre nós, as propostas oficiais e muitas das concepções dos próprios educadores. Para não cairmos na armadilha do discurso, é necessário considerar sempre a prática concreta que se desenvolve no sistema escolar como um todo, e procurar superar a dominação, para a qual vemos que a escola tem contribuído, a pretexto de construir uma sociedade aberta e democrática, como afirma Cunha (1975, *passim*).

Assim, surge uma questão fundamental que devemos considerar: se a escola é transmissora do saber sistematizado acumulado historicamente, ela deve ser fonte de apropriação da herança social pelos que estão em seu interior. Entretanto, o que constatamos na escola brasileira é, de um lado, que grande parte da população está excluída do processo educativo formal, e, de outro, que à maioria que frequenta a escola esta não tem oferecido condições para aquela apropriação.

A relação escola-sociedade deve ser analisada de modo crítico, para que se evidenciem os mecanismos determinantes da prática educativa. A análise crítica nos levará a constatar a existência de posições diferentes no que diz respeito àquela relação.

De um lado, acredita-se que a escola seja alavanca de mudança social. "Deem-nos uma boa escola, e teremos a sociedade desejada", seria o seu *slogan*. Esta é não apenas a concepção dominante em um momento particular da história da educação brasileira,[1] mas permanece entre nós e pode ser identificada no discurso dos que julgam que "a escola seria o melhor dos remédios contra os males da sociedade". (Casali, 1984, p. 2)

Esta tendência expressa uma visão da instituição escolar que chamaríamos de otimista e ingênua. Ela a vê como algo fora da dinâmica social, como impulsionadora desta dinâmica e acredita que, sendo espaço privilegiado de transmissão de cultura, a escola "dá o tom" à sociedade.

De outro lado, contrapondo-se de certa forma à primeira concepção, encontramos a atitude que poderíamos classificar de pessimista. Seus defensores procuram chamar a atenção apenas para a reprodução — indiscutível, por sinal — dos valores no âmbito escolar. "Não há o que fazer na escola enquanto a sociedade se apresenta com tantas limitações", diriam eles. Um mérito pode ser apontado no interior desta tendência: percebe-se aí que a escola não se encontra fora da sociedade. Entretanto, os defensores de tal concepção, tanto como os primeiros, são ingênuos, na medida em que veem apenas *uma* das funções desempenhadas pela escola.[2]

---

1. Nagle (1974) faz referência ao que denomina "otimismo pedagógico", característica da Escola Nova, tendência que ganhou destaque na educação brasileira particularmente a partir de 1930 e atingiu seu auge por volta de 1960. (Saviani, 1981, p. 124)

2. Severino (1980, p. 106 e 109) refere-se às tendências mencionadas, apontando na primeira "a ilusão do poder absoluto da educação", e na segunda "a desilusão do poder relativo da educação". Na própria referência, que faz alusão ao "poder", já encontramos a perspectiva política da educação.

ÉTICA E COMPETÊNCIA

A escola não está nem fora da sociedade, com uma autonomia absoluta diante dos fatores que estimulam as mudanças sociais, nem muito menos em uma relação de subordinação absoluta, que a converte em mera reprodutora do que ocorre em nível mais amplo na sociedade. A escola é parte da sociedade e tem com o todo uma relação *dialética* — há uma interferência recíproca que atravessa todas as instituições que constituem o social. Além disso, podemos verificar que a escola tem uma função *contraditória* — ao mesmo tempo em que é fator de manutenção, ela transforma a cultura.

A análise crítica do processo educativo permite, então, que esse seja reconhecido como um conjunto de práticas que, ao mesmo tempo, mantêm e transformam a estrutura do social. Acostumados a pensar formalmente, parece-nos difícil considerar a simultaneidade da reprodução e da transformação do ato educativo. Pelo fato de estarmos presos à aparência, vemos a escola, historicamente, como *ora mantendo, ora transformando*. Se é verdade que, a cada momento, parece que se destaca, por força das características do contexto, um esforço ora no sentido da manutenção, ora no sentido da transformação, ainda assim a reflexão crítica nos mostrará que a contradição é inerente à escola, como a toda a realidade: *ela mantém e transforma ao mesmo tempo*. A escola intervém nos rumos da sociedade, e é também continuamente influencidada pelo que ocorre fora do seu âmbito, na sociedade global.

A educação reflete uma estrutura social, mas, por outro lado, fermenta as contradições. Proveniente do modo de produção capitalista, no contexto das promessas que a burguesia trouxe e não foi capaz de implementar, a educação contribui tanto para sua reprodução, como para sua negação e perda. (Cury, 1985, p. 75)

Se estamos no interior desta sociedade capitalista, de uma escola capitalista, se é aí que se desenvolve a prática dos educadores, é necessário procurar vê-la mais fundo, mais abrangentemente, para compreendermos os limites e possibilidades dessa prática.

Educação e política

É a perspectiva política presente na ação educativa que nos permite captar melhor a ingenuidade presente nas concepções acima mencionadas. A partir dessa perspectiva política, é possível apreender a *autonomia relativa* da escola diante do sistema social como um todo. E mais: se se pensa na instituição educativa como um espaço de circulação da ideologia, estaremos pensando, a partir do "poder da educação", na presença do *poder na educação*, nos mecanismos de poder presentes na escola, na ação dos educadores. Há, queiramos ou não, uma dimensão de poder que permeia toda a sociedade, e ganha uma feição bem característica quando se trata da educação.

A ação dos homens em sociedade, produzindo sua vida e conferindo-lhe significado, é uma ação que tem um caráter político. Isso significa dizer, como foi apontado brevemente no capítulo anterior, que o poder é um elemento presente como constituinte do social. A ideia de política está associada indissoluvelmente à de poder, que, por sua vez, não se separa da de *força*, e esta

ÉTICA E COMPETÊNCIA

não significa necessariamente a posse de meios violentos de coerção, mas de meios que permitam influir no comportamento das pessoas. (Lebrun, 1981, p. 11-2)

Partindo da conceituação de poder como força, como possibilidade de influência no comportamento de outros, vamos verificar como ele "acontece" em uma instituição que tem como função específica essa influência, na medida em que se destina a ensinar, a convencer os sujeitos, transmitindo-lhes o saber necessário para direcionar sua inserção na sociedade. É preciso, portanto, refletir sobre os objetivos específicos da educação, não só para a distinguirmos da prática política propriamente dita, mas para podermos ver claramente a presença da dimensão política na prática educativa. Pois é com relação à sua intencionalidade que se evidencia nas práticas sociais sua dimensão política.

Em toda sociedade, as relações entre os membros estabelecem-se em função de um objetivo, que lhe é próprio, e a Política, longe de ser um fim em si, é uma técnica para a realização de valores proposta pela sociedade. Da mesma forma, o poder é um instrumento que só encontra a sua razão de ser no objetivo ou nos objetivos em função dos quais a sociedade é constituída. (Giles, 1985, p. 1)

O poder não se apresenta apenas como capacidade de influência, mas também como possibilidade de escolha, de definição entre alternativas de ação.

A atividade dos homens em sociedade tem sempre um caráter político, na medida em que a organização da vida material de uma maneira peculiar determina, ao mesmo tempo, uma maneira peculiar de organização das ideias e das relações de poder. Não há vida social que não seja política — é em função de fins específicos, definidos por certos interesses, que os homens estabelecem suas relações com a natureza e uns com os outros, articulando em sua ação sua vontade com as condições concretas do contexto em que vivem. Ser político é

> tomar partido, e tomar partido não significa apenas se declarar de acordo, de quando em quando, com as decisões concretas de um partido; significa não ficar indiferente em face das alternativas sociais, participar e produzir em relação com toda a vida civil e social. (Heller, 1982, p. 55)

É verdade que se pode fazer referência a uma esfera política "propriamente dita", aquela que compreende a ação dos governantes, dos representantes do povo em determinado estilo de governo, do Estado, enfim. É aí que estará, segundo alguns estudiosos, a característica que define o político enquanto intenção de *vencer* no "jogo do poder".

> [...] em política, o objetivo é vencer. [...] A prática política se apoia na verdade do poder. (Saviani, 1983, p. 86 e 91)

Podemos também falar, entre outras significações, da política como um conjunto de intencionalidades, como um programa de ação — é nessa medida que nos referimos à política econômica ou à política educacional de um governo, por exemplo.

Neste livro, interessa-nos a *dimensão política da educação* enquanto constituinte da prática dos educadores na instituição escolar.

ÉTICA E COMPETÊNCIA

A educação tem uma função técnica e uma função política, costuma-se dizer.

> Quando afirmo que a educação é sempre um ato político, quero com isso frisar que a educação cumpre sempre uma função política. Mas é preciso não identificar essa função política com outra função que a educação cumpre, que é a função técnica. Essas funções não se identificam, elas se distinguem. Mas, embora distinguíveis, são inseparáveis, ou seja: a função técnica é sempre subsumida por uma função política. (Saviani, 1980, p. 194)

Penso que é melhor afirmar que *a função* da educação tem uma dimensão técnica e uma dimensão política, dialeticamente relacionadas. E é na articulação do que é especificamente pedagógico com a totalidade do social que se realiza a dimensão política da educação.

> [...] a escola vai cumprir a sua missão política não quando se elabora no seu interior um discurso sobre a política, mas quando, por meio de sua prática educativa, puder preparar o cidadão para a vida da *polis*, para a vida política, isto é, para a compreensão da totalidade social onde ele está inserido. (Rodrigues, 1985, p. 47)

A especificidade do processo educativo que se desenvolve na escola reside no fato de que ele tem como objetivo a socialização do conhecimento elaborado — a transmissão do saber historicamente acumulado pela sociedade, que leva à criação de novos saberes. Do ponto de vista técnico, costuma-se dizer, isto implica a criação de conteúdos e técnicas que possam garantir a apreensão do saber pelos sujeitos e a atuação no sentido da descoberta e da invenção. Entretanto, os conteúdos e técnicas não são absolutamente elementos neutros. Eles são selecionados, transmitidos e transformados em função de determinados interesses existentes na sociedade. O papel político da educação se revela aí, na medida em que ele se cumpre sempre na perspectiva de determinado interesse. A escola está sempre *posicionada* no âmbito da correlação de forças da sociedade em que se insere e, portanto, está sempre servindo às forças que lutam para perpetuar e/ou transformar a sociedade. (Saviani, 1980, p. 203)

> Há sempre uma orientação política subjacente ao modo como se dá a instrumentalização (do educando através da prática pedagógica), tenha-se consciência disso ou não. (Oliveira, 1985, p. 25)

Afirmei acima que a escola da sociedade capitalista não tem cumprido a finalidade da educação que desejamos, de caráter democrático, socializando efetivamente o saber e os recursos para apreendê-lo e transformá-lo. Isso porque, como outras instituições sociais, ela tem estado a serviço da classe dominante, veiculando a ideologia dessa classe.

> Apresentada à sociedade como o lugar da elaboração e transmissão da Cultura, a escola cumpre as suas funções sob a aparência de "um meio neutro, desprovido de ideologia". (Warde, 1977, p. 55)

Entretanto, na realidade, ela tem funcionado como um "aparelho" privilegiado para a inculcação ideológica. E não apenas no que diz respeito aos conteúdos e técnicas, mas principalmente na postura dos educadores que nela desenvolvem sua prática.

ÉTICA E COMPETÊNCIA   55

A escola quer formar, quanto à classe subalterna, o cidadão dócil e o operário competente. A coesão que quer tirar dessa contradição se autoproclama na escola como transmissora de conhecimentos apolíticos, acima e por cima das classes, e voltada para o atendimento de cada um como indivíduo. Por isso, a função técnica não se funda em si, e nem se resolve nela mesma. Ela se distingue (didaticamente) da função política, mas não está separada dela. Sua inteligibilidade *in totum* se explicita na intencionalidade que emerge da própria prática social. A função técnica liga-se indissoluvelmente à função política, e é por essa envolvida e assumida. Esse envolvimento, de acordo com o ponto de vista de classe, situa o educativo no político e o refere ao econômico. (Cury, 1985, p. 62)

Uma vez que a escola não tem sido nem eficiente nem eficaz, é necessário refletir para que se encontrem caminhos para sua transformação. Um deles é a visão crítica do educador sobre seu papel enquanto um dos elementos que constituem o processo educativo. O que se espera, então, do educador? O que lhe compete, na construção da escola e da sociedade? Quais são os traços distintivos da sua competência enquanto profissional da educação?

Para responder a estas questões é preciso recorrer à reflexão filosófica, destacando no trabalho dos educadores a *dimensão ética* como instância de resgate da compreensão do significado político de sua ação.

Capítulo 3

As dimensões da competência do educador

A gente quer inteiro e não pela metade. (*Antunes/ Fromer/Britto*)

A bondade desarmada, incauta, inexperiente e sem sagacidade nem sequer é bondade, é ingenuidade estulta e apenas provoca desastres. (*Antonio Gramsci*)

O que significa ser educador na sociedade brasileira hoje? O que é *necessário* para desempenhar o papel de educador? O que, em última instância, *compete* ao educador, na construção de nossa sociedade?

Os papéis sociais são definidos levando-se em consideração as instituições em que se desenvolve a prática dos sujeitos. O educador desenvolve sua prática no espaço da instituição que é a escola. Enquanto instituição social, a escola tem como tarefa a transmissão/criação sistematizada da cultura, entendida como o resultado da intervenção dos homens na realidade, transformando-a e transformando a si mesmos.

Como já afirmamos, e vale repetir, a escola não é uma entidade abstrata. Ela tem características específicas e cumpre uma função determinada, na medida em que está presente e é constituinte de uma sociedade que se organiza de maneira peculiar, historicamente. Ela resulta do trabalho e das relações estabelecidas em seu interior, é o espaço da *praxis* de determinados sujeitos. E pode-se afirmar que o caráter contraditório da escola advém da contradição presente na prática desses sujeitos, que, ao transmitirem o saber, ao estabelecerem certas relações, mantêm e transformam esse saber, essas relações.

No interior da instituição escolar, o educador *exerce* sua *profissão*. A ideia de profissão nos remete à de ofício, que guarda o sentido de dever, de obrigação. A ideia de exercício relaciona-se à ideia de atividade, de *trabalho*. O educador, enquanto profissional, enquanto trabalhador em uma determinada sociedade, tem de realizar sua "obrigação" de uma maneira específica. O que compete ao educador? Ao perguntar isso, devo estabelecer o que se entende por *competência*.

Competência = saber fazer bem

Falar em competência significa falar em *saber fazer bem*. Apesar das diferenças entre as diversas concepções de educação e de escola presentes entre nós, elas sem dúvida concordam em definir desse modo a competência. Entretanto, é preciso atenção (o alerta da crítica!) ao explicitar o que se quer dizer quando se faz essa afirmação, uma vez que é essa a tônica do discurso da maior parte dos educadores.

Minha definição de *saber fazer bem* como sinônimo de competência, em princípio, aproxima-se da posição dos educadores que apresentam esse saber fazer bem em uma dupla dimensão: *técnica* e *política*. Mello (1982, p. 43-4) afirma:

> Por competência profissional estou entendendo várias características que é importante indicar. Em primeiro lugar, o domínio adequado do saber escolar a ser transmitido, juntamente com a habilidade de organizar e transmitir esse saber, de modo a garantir que ele seja efetivamente apropriado pelo aluno. Em segundo lugar, uma visão relativamente integrada e articulada dos aspectos relevantes mais imediatos de sua própria prática, ou seja, um entendimento das múltiplas relações entre os vários aspectos da escola, desde a organização dos períodos de aula, passando por critérios de matrícula e agrupamentos de classe, até o currículo e os métodos de ensino. Em terceiro, uma compreensão das relações entre o preparo técnico que recebeu, a organização da escola e os resultados de sua ação. Em quarto lugar, uma compreensão mais ampla das relações entre a escola e a sociedade, que passaria necessariamente pelas questões de suas condições de trabalho e de remuneração.
>
> [...] *O sentido político da prática docente, que eu valorizo, se realiza pela mediação da competência técnica e constitui condição necessária, embora não suficiente, para a plena realização desse mesmo sentido político, da prática docente para o professor.*

Abuso da citação, porque ela ajuda a esclarecer a dupla dimensão da competência do professor, do educador, mas quero ainda destacar alguns aspectos da definição que procuro explicitar.

Afirmo que o *saber fazer bem* tem uma dimensão técnica, a do *saber* e do *saber fazer*, isto é, do domínio dos conteúdos de que o sujeito necessita para desempenhar o seu papel, aquilo que se requer dele socialmente, articulado com o domínio das técnicas, das estratégias que permitam que ele, digamos, "dê conta de seu recado", em seu trabalho. Mas é preciso saber *bem*, saber fazer *bem*, e o que me parece nuclear nesta expressão é esse pequeno termo — "bem" — porque ele indicará tanto a dimensão *técnica* — "eu sei bem geografia", portanto tenho um conhecimento que me permite identificar istmos e penínsulas, distinguir planaltos de planícies, ou "eu sei fazer bem tricô", isto é, domino bem certos recursos, consigo manejar as agulhas e executar certas receitas etc. — quanto a dimensão *política* —; eu faço bem o meu trabalho de geógrafa ou meu trabalho de tricoteira, isto é, vou ao encontro daquilo que é desejável, que está estabelecido valorativamente com relação à minha atuação.

Como vimos, o conceito de *bem* não deve ser entendido em uma perspectiva metafísica; o que se entende por *bem* responde a necessidades *historicamente definidas* pelos homens de uma determinada sociedade.

A ideia de *bem* parece-me significativa na definição da competência, porque ela aponta para um valor que não tem apenas um caráter moral. Ele não se desvincula dos aspectos técnicos nem dos aspectos políticos da atuação do educador. É nessa medida que se pode compreender, como veremos, a ética como mediação. Porque ela está presente na definição e na organização do saber que será veiculado na instituição escolar, e, ao mesmo tempo, na direção que será dada a esse saber na sociedade.

Quero então centrar minha reflexão na dimensão ética da competência do educador. Por isso procurei apontar acima o lugar da ética na filosofia da educação. Penso que precisamos levar isso em consideração para evitar uma polêmica que tem frequentemente se estabelecido entre educadores que até defendem posições semelhantes. A polêmica tem se manifestado ora acusando-se a competência técnica de tecnicista, ora acusando-se a competência política de um certo politicismo. Acredito que é preciso recuperar no próprio caráter dialético da prática educativa a articulação entre os dois polos da competência, e me parece fértil esse caminho que passa pela ética, embora a preocupação com a questão dos valores que constituem a moralidade possa eventualmente nos conduzir ao risco de um romantismo, que devemos recusar, e que é denunciado por Saviani, na esteira de Gramsci:

> Parafraseando Gramsci eu diria que nós estamos ainda na fase romântica da defesa do compromisso político em educação. Nessa fase os elementos da luta contra a concepção técnico--pedagógica restrita e supostamente apolítica se dilataram morbidamente por causa do contraste e da polêmica. É necessário passar à fase clássica, encontrando nos fins a atingir a fonte para a elaboração das formas adequadas de realizá--los. Ora, a identificação dos fins implica imediatamente competência política e mediatamente competência técnica; a elaboração dos métodos para atingi-los implica, por sua vez, imediatamente competência técnica e mediatamente competência política. Logo, sem competência técnico-política não é possível sair da fase romântica. (Saviani, 1983b, p. 142)

ÉTICA E COMPETÊNCIA

O romantismo, que acaba acontecendo no interior da escola, na divulgação do saber escolar, no ensino e na prática dos educadores, se revela, por exemplo, quando se confunde "saber bem" ou "fazer bem" com conhecer o *bem*, fazer *o bem*. Como não há uma essência a-histórica de bem, o bem é definido no âmbito de valores criados socialmente. No caso da nossa sociedade, muitas vezes o que se qualifica de bom é extremamente discutível, na medida em que atende a certos interesses, favorecendo indubitavelmente certa parcela desta sociedade. Então, temos o professor "bonzinho", que se relaciona "bem" com os alunos e deixa de lhes passar os conteúdos necessários. Temos o orientador "bonzinho", que procura proteger os alunos das exigências dos professores; o supervisor "bonzinho", que "compreende" os professores etc. A qualidade da educação tem sido constantemente prejudicada por educadores preocupados em "fazer o *bem*", sem questionar criticamente sua ação. Ou pela consideração da prática educativa apenas na dimensão moral, ou na visão equivocada de um compromisso que se sustenta na espontaneidade. Isso precisa ser negado, quando procuramos uma consistência para o desempenho do papel do educador na contribuição que dá à construção da sociedade.

O maior problema que se enfrenta, no que diz respeito às dimensões técnica e política da competência do educador, é a desarticulação (impossível,[1] na realidade, mas aparentemente considerada) entre os dois polos. Na verda-

---

1. "[...] Não se faz política sem competência e não existe técnica sem compromisso; além disso, a política é também uma questão técnica e o compromisso sem competência é descompromisso." (Saviani, 1983, p. 134)

de a referência à competência técnica e ao compromisso político pode até, em determinados momentos, ter levado a essa desarticulação aparente. O que é importante, a meu ver, é falar em competência, pura e simplesmente, e nela apontar seus componentes — interligados, indissolúveis, essenciais —, o técnico e o político.

> Se evitarmos o formalismo de tratar o técnico e o político como segmentos estanques e separados, mais uma vez a questão da capacitação profissional do professor e de sua formação cultural mais ampla se coloca com grande relevância. Para a tarefa de ser um dos agentes de mudança da escola e da prática pedagógica [...], o *saber fazer* técnico constitui condição necessária porque é a base do *querer* político, ainda que a dimensão política da tarefa docente não seja percebida como tal. (Mello, 1982, p. 141)

A presença da ética como dimensão da competência

A importância de se resgatar a relação técnica/ética/política no interior da discussão sobre a competência sustenta o núcleo da reflexão aqui realizada, uma vez que se encontra aí a possibilidade de discutir um aspecto, a meu ver, pouco explorado sistematicamente — a presença da dimensão ética estreitamente articulada à técnica e à política.

Com respeito à relação existente entre moral e política, frequentemente se percebe que os próprios educadores não têm clareza da dimensão política de seu trabalho. Ao interpretarem política como envolvimento partidário, ou mesmo sindical, alguns procuram até negar que tenham algo a ver com isso, invocando uma posição de "apoliticidade" em sua prática. No entanto, não podem se recusar — porque explicitam isso em seu discurso — a admitir a presença da moralidade em sua ação. E essa moralidade aparece, na verdade, de uma forma extremada — o *moralismo*, muito próximo do romantismo a que se refere Gramsci. É por aí que se reforça, inclusive, a ideia de espontaneísmo, que também se deve recusar se se quer resgatar o verdadeiro sentido da prática pedagógica. Gramsci, segundo Manacorda, afirma que

> Toda atitude de respeito à espontaneidade, em sua aparência de respeito pela natureza da criança é, em realidade, renúncia a educar, a formar o homem segundo um plano humano. (Manacorda, 1977, p. 83)

Manacorda chama nossa atenção para algo importante:

> A seu equilíbrio da sociedade política com a sociedade civil, na dimensão universal, corresponde, na dimensão pedagógica, o equilíbrio entre coerção e espontaneidade, que ele (Gramsci) está buscando e que parece que se vislumbra no conceito de responsabilidade. (Manacorda, 1977, p. 106)

Essa ideia de *responsabilidade*, que se encontra articulada com a de liberdade, conceito que representa o eixo central da reflexão ética, ajuda-me a encaminhar esta minha reflexão. Pois responsabilidade está ligada também à noção de *compromisso* — e esse compromisso traz a marca não apenas da política, no sentido amplo, mas da moral.

Na avaliação que fazem de seu trabalho, em geral, os educadores, os professores, afirmam-se comprometidos com os interesses dos alunos, mas não têm clareza quanto à implicação política desse seu "comprometimento". Eles o veem como fazendo parte de uma provável "essência" do educador, referindo-se a "características intrínsecas" de seu trabalho. Nas mulheres educadoras, isso aparece de uma forma ainda mais acentuada, contribuindo para o que Mello (1982, p. 143-4) chama de "a face boazinha" da prática docente. Dá-se ênfase à dimensão afetiva, e o bom educador acaba sendo aquele educador "bonzinho" já mencionado. A dimensão moral aí, exatamente porque marcada pelo viés ideológico, é considerada como "natural", o que nos remete ao espontâneo.

Tal atitude demonstra um desconhecimento do significado da presença do político na ação educativa, e também do ético, em sua forma autêntica, pois este aparece reduzido ao sentimento, e isso, sem dúvida, contribui para reforçar o espontaneísmo e para manter as falhas da instituição escolar. Reduzir a presença da ética ao sentimento, quando se caracteriza a competência, é, entretanto, tão inadequado quanto deixar de levar em consideração um elemento constituinte do ser humano: a sensibilidade.

A dimensão estética

Ao mencionar a presença do sentimento, das emoções, nos remetemos a uma outra dimensão do trabalho educativo, a que ainda não havia sido feita referência: a dimensão *estética*. Ela está relacionada à presença da sensibilidade no trabalho do professor. Sensibilidade que o leva a procurar conhecer os alunos, a estar aberto para as diferenças, a se preocupar com a desigualdade que frequentemente ameaça se instalar na escola. Há na escola, na sala de aula, uma *relação* pedagógica, uma relação entre sujeitos que partilham suas experiências, intercambiam seus saberes.

Chama-se atenção para a referência que se faz à beleza quando se fala em estética. E há mesmo esse significado: uma aula boa é também uma aula bonita, um bom trabalho é também um trabalho bonito (Rios, 2001, p. 131).

A sensibilidade é algo que vai além do sensorial e que diz respeito a uma ordenação das sensações, uma apreensão consciente da realidade, ligada estreitamente à intelectualidade (Ostrower, 1986, p. 12-13). Ela está relacionada com o potencial criador e com a afetividade dos indivíduos, que se desenvolve num contexto cultural determinado. Assim, afirma Ostrower (1986, p. 17) que "a sensibilidade se converte em criatividade ao ligar-se estreitamente a uma atividade social significativa para o indivíduo".

A sensibilidade e a criatividade não se restringem ao espaço da arte. Criar é algo interligado a viver, no mundo humano. A estética é, na verdade, uma dimensão da existência, do agir humano. É ainda Ostrower (1986, p. 39) quem nos diz:

> O vício de considerar que a criatividade existe só nas artes deforma toda a realidade humana. Constitui uma maneira de encobrir a precariedade de condições criativas em outras áreas de atuação humana [...] Constitui, certamente, uma maneira de desumanizar o trabalho.

Ao produzir sua vida, ao construí-la, o indivíduo realiza uma obra, análoga à obra de arte. É justamente aí que ele se afirma como *sujeito*, que ele produz a sua *subjetividade*.

"Poder criar beleza", afirma Ostrower (1998, p. 289-290), "representa a realização das mais altas potencialidades espirituais do ser humano, na manifestação de sua consciência sensível". Os sentimentos que a beleza nos proporciona ultrapassam, segundo ela, o puro prazer. "É uma dimensão ao mesmo tempo sensual e espiritual, estética e ética".

Vázquez (1999, p. 186) nos remete a uma afirmação de Platão: "Coisa difícil é o belo".

> [...] com essas palavras Platão põe um ponto final em seu diálogo *Hípias maior*, depois de haver submetido ao bisturi socrático várias definições do belo. E, não obstante essa dificuldade, ou talvez por ela, desde que os primeiros filósofos gregos se ocupam da beleza, além dos séculos VII e VI antes de nossa era, vendo nela um atributo do mundo (*cosmos*), não cessaram as tentativas de defini-la. (Vázquez, idem)

Busca-se caracterizar a beleza, em suas múltiplas manifestações. "A beleza [...] reina com um caráter absoluto sobre o tempo e a história, sobre todos os homens e as coisas concretas", nos diz Vázquez (idem, p. 187). Aqui, estamos nos referindo à possibilidade da presença da beleza no trabalho, reveladora de uma das dimensões da competência. Talvez aí a possamos identificar com algo a que se refere Ferreira Gullar, o grande poeta maranhense, em um de seus poemas (Ferreira Gullar, 1976), ao falar da obra de arquitetura de Oscar Niemeyer. Gullar diz:

> Oscar nos ensina que a beleza é leve.

Isso nos faz pensar no trabalho competente, no qual a seriedade deve conviver com a alegria e com a leveza. Italo Calvino, em seu último livro, *Seis propostas para o próximo*

ÉTICA E COMPETÊNCIA 67

milênio (1990), menciona "alguns valores ou qualidades ou especificidades da literatura" que, a seu ver, contribuiriam para uma vida rica dos seres humanos e das sociedades. A leveza é o primeiro valor citado pelo autor. O que ele fala sobre a literatura aplica-se, certamente, não só a todas as artes, mas também aos demais espaços da vida social e, de modo particular, ao espaço da prática profissional[2]. Belo — e, portanto, leve — é assim que seria desejável que fosse o trabalho educativo de cada dia.

A ação docente envolve, portanto, inteligência, imaginação, sensibilidade, afeto. É necessário, entretanto, evitar o afetivismo, que se manifesta na atitude romântica à qual já nos referimos. Temos constatado que, na tentativa de romper com a racionalidade técnica que se instala nas propostas pedagógicas, faz-se um movimento radical que dá importância primordial ao afeto, ao sentimento, desligando-o das outras capacidades com as quais se articula na vida humana. Isso se liga a uma perspectiva moralista, que descaracteriza a ação competente. Livre desse caráter moralista, a dimensão estética ganha seu significado mais pleno.

Ética e política

O destaque à perspectiva ética da competência pode ajudar-nos a desvelar certos elementos constituintes da

---

2. Vale assinalar o que se registra na contracapa do livro de Calvino: *"Declaração de ética, mais que de poética,* as conferências que Calvino preparou para a Universidade de Harvard representam o testamento artístico de um dos protagonistas literários desse fim de milênio. [...] O grande escritor italiano identifica as seis qualidades que apenas a literatura pode salvar — leveza, rapidez, exatidão, visibilidade, multiplicidade, consistência — *virtudes a nortear não apenas a atividade dos escritores, mas cada um dos gestos de nossa existência."* (grifos meus).

ideologia que permeia nossa educação. O "compromisso", para o qual se apela em todas as falas do poder, passa a ser visto como realmente tem sido, fundamentado nos interesses discutíveis de uma classe.

O risco que se corre quando se procura dar ênfase à perspectiva política é exatamente esvaziá-la da conotação ética que nela está presente. Um modo de descobrirmos a conotação ética é verificarmos a dimensão de subjetividade presente no político. Não há como afastar a *subjetividade* que está presente na valorização, na intencionalidade que se confere à prática social. Há, entretanto, algumas observações a serem feitas, algumas distinções que é necessário estabelecer, para auxiliar nossa compreensão.

Em primeiro lugar, é preciso distinguir *subjetividade* de *singularidade* ou *individualidade*. O singular é o que diz respeito ao indivíduo, aspectos de sua atuação que o distinguem dos demais. Entretanto, é na vida em sociedade que ele adquire essa individualidade e, como afirma Gramsci,

> [...] a síntese dos elementos constitutivos da individualidade é "individual", mas ela não se realiza e desenvolve sem uma atividade para o exterior, atividade transformadora das relações externas, desde as com a natureza e com os outros homens — em vários níveis, nos diversos círculos em que se vive — até a relação máxima, que abraça todo o gênero humano. Por isso, é possível dizer que o homem é essencialmente "político", já que a atividade para transformar e dirigir conscientemente os homens realiza a sua "humanidade", a sua "natureza humana". (Gramsci, 1989, p. 47-8)

Isso nos remete a uma segunda distinção, entre subjetividade e subjetivismo, *individualismo*. Gramsci faz ver que, ao fazer referência à subjetividade, não estou me encaminhando para a ênfase no sujeito, ou melhor, *em um* sujeito, o que me lançaria no individualismo que é próprio da sociedade capitalista — a crença de que os indivíduos são marcados naturalmente por seus atributos diferentes, o que os leva a ocupar posições sociais diferentes e a ser individualmente responsáveis por seu sucesso ou fracasso social, deixando de lado as condições históricas concretas de sua existência (Cunha, 1975, p. 28-9). Aqui, destaca-se a noção de subjetividade para enfatizar a perspectiva de *relação* e encaminhar para o social, que está contido no político. Ou então se estaria esquecendo a *polis* e sua significação.

> Sendo social ou "político" por natureza, por isso que é *logos*, razão e palavra, que implica em si mesmo o outro, ou a alteridade, o homem está destinado a viver na *polis*, na cidade, não sendo possível transformá-lo, isto é, educá-lo... sem transformar simultaneamente a *polis* na qual o homem vive. (Corbisier, 1975, p. 30)

O comportamento do homem é político enquanto *logos* (razão e palavra), sim, mas também enquanto *nomos* (criação de regras, escolha e compromisso). Na verdade, no compromisso o homem empenha a sua *palavra*, criadora de *valores*, de significações. Palavra criadora, *trabalho*, profissão.

> (A) consciência política [...] será historicamente conceptualizada no *logos* e no *nomós*. A *polis*, concretização racional do *nomós*, é o lugar onde o homem legitima seu destino, dando significação e finalidade às suas ações, e escapando, dessa maneira, à arbitrariedade do *fatum*. A *polis* é uma to-

talidade onde o homem confere sentido à sua existência, reconhece e assume seus valores e assume explicitamente seu destino como uma pergunta que tentará responder com sua ação política. A *polis* é uma efetivação do *logos*, da palavra explicitada... (Andrade, 1977, p. 135)

Por aí se resgata o sentido da história e do trabalho, fundamento dessa, como componente essencial da "humanidade" do homem, a que se refere Gramsci. Assim, se ligarmos a ideia de profissão à de trabalho, teremos de explorar a noção de "profissionalidade" do campo da educação. Se quero recuperar o caráter profissional da prática educativa, devo ir ao fundo da questão tanto da dimensão "técnico-ética" quanto da dimensão "ético-política" e da dimensão "ético-estética" do desempenho do educador. É preciso fazer aqui uma última distinção: quando me refiro à subjetividade e a distingo de singularidade, para evitar o risco do individualismo, devo referir-me também à distinção *subjetividade/objetividade*, que está no interior da discussão sobre a relação existente entre ética e técnica. A técnica aparece como o espaço da objetividade, que é inadequadamente identificada com "neutralidade". Está aí o outro aspecto que é objeto específico de minha reflexão. Se o conhecimento é resultado de relações sociais dos indivíduos, ele tem, indiscutivelmente, uma conotação de valor, ainda que se revista de objetividade.

Quando se fala em objetividade, faz-se referência às características do objeto e à necessidade de se evitarem as interferências do sujeito que podem distorcer o conhecimento. Mas, se o conhecimento é relação dialética sujeito-objeto, não se pode em momento algum falar na possibilidade de "não envolvimento" do sujeito com o que ele conhece.

Isso não significa que nos encaminhamos para um relativismo no campo do conhecer, mas sim que todo conhecimento é historicamente situado e que, ainda que tenha como característica a objetividade, não é de modo algum neutro. É assim que se descobre a moralidade, o *ethos*, na dimensão técnica da atuação do educador. Há *escolhas*, há exigências de caráter social no que se chama de técnico, no ensino, no trabalho educativo. E essas escolhas têm implicações ético-políticas.

A prática educativa emancipatória requer, efetivamente, do educador, uma tomada de posição pela missão histórica consciente e consequente da humanidade, de destruir as relações de classe que sustentam a alienação e privam o homem de seu pleno desenvolvimento humano. Mas a prática educativa é, antes de tudo, profissional. (Libâneo, 1985, p. 81)

Essa prática profissional, desenvolvida pelo "agente pedagógico" de que fala Cury (1985, *passim*), tem condição de realizar o que Libâneo aponta, se souber dimensionar a função política da educação dentro da concepção de mundo dada pela filosofia da práxis. Cury afirma que a educação, um dos instrumentos de ação política planejada, torna-se aí "um momento através do qual a necessidade se converte em consciência da necessidade e em ampliação da margem de liberdade."[3]

---

3. A citação que Cury faz de Gramsci (1978, p. 219) reforça claramente a ideia que venho tentando defender: "Pode-se dizer que não só a filosofia de *praxis* não exclui a história *ético-política*, como, ao contrário, sua mais recente fase de desenvolvimento consiste precisamente na reivindicação do momento de hegemonia como essencial à sua concepção estatal e a "*valorização*" do fato cultural, da ativi-

Destaco essas falas — e muitas outras a elas se ligariam — para ressaltar algo que procuro reforçar aqui: fazemos referência a *querer* político, a missão histórico *consciente* e *consequente*, a ampliação da margem de *liberdade*. Vontade, liberdade, consequência — conceitos que estão sem dúvida no terreno da ética-política. A articulação entre esses conceitos é que nos auxilia na busca da compreensão da competência do educador, pois constatamos que não basta levar em conta o *saber*, mas é preciso *querer*. E não adianta saber e querer se não se tem percepção do *dever* e não se tem o *poder* para acionar os mecanismos de transformação no rumo da escola e da sociedade que é necessário construir.

Aqui se faz, desse modo, a conexão dos elementos envolvidos no cerne do comportamento moral, que interessa à Ética, como vimos: só posso falar em compromisso, se menciono a adesão, a partir de uma escolha do sujeito, a uma certa maneira de agir, a um certo caminho para a ação. É para que essa adesão seja significativa que devem se conjugar a consciência, o saber e a vontade, que de nada valem sem a explicitação do dever e a presença do poder.

Ao fazer referência ao poder, vejo a necessidade de desvinculá-lo da concentração exclusiva de *dominação* (como o descobrimos em nossa sociedade) e resgatá-lo na sua significação de *consenso* (como queremos que ele exista na construção de uma nova sociedade). Pensar no poder como uma conjugação de *possibilidades e limites*, representados de modo geral pelas normas que regem a prática dos

---

dade cultural como necessária ao lado das frentes meramente econômicas e políticas" (grifos meus).

homens em sociedade. Deveres que se combinam com direitos e estão ligados à consciência e à vontade dos sujeitos.

> Atos propriamente morais são somente aqueles nos quais podemos atribuir ao agente uma responsabilidade não só pelo que se propôs realizar, mas também pelos resultados ou consequências de sua ação. Mas o problema da responsabilidade moral está estreitamente relacionado, por sua vez, com o da necessidade e liberdade humanas, pois somente admitindo que o agente tem certa liberdade de opção e decisão é que se pode responsabilizá-lo pelos seus atos. (Vázquez, 1975, p. 91)

A condição para que se responsabilize, então, um sujeito por sua ação é que ela seja consciente/intencional e livre (entendendo a liberdade como articulação limites/possibilidades).

Se vamos considerar isso para a ação do educador, teremos de pensar no que Libâneo (1985, p. 45) chama de *saber ser*. Ao lado do saber que se identifica com o domínio dos conteúdos e das técnicas para transmissão dos conteúdos, temos de encontrar um "saber que sabe", aquilo que vamos chamar de *consciência*, não em um primeiro nível de percepção da realidade, mas de *percepção da percepção*, percepção crítica. O "saber que sabe", de forma reflexiva, sabe o alcance do saber, as suas implicações, o seu ritmo. E não poderá recusar-se a uma tomada de posição diante do saber que constata possuir.

É por isso que dizemos que uma visão crítica da realidade não leva, automaticamente, a uma intervenção crítica, mas é um primeiro passo, se se pode ver com clareza o apelo da necessidade que está presente no real.

Mas é aqui mesmo que nos encaminhamos para uma discussão ainda não completamente superada — ter um compromisso *político* não significa, absolutamente, ter um compromisso político *autêntico*. Essa discussão ainda nos desafia. Porque apresenta uma questão séria: ensinar bem os conteúdos, utilizando recursos adequados, levando em conta a relação com os alunos é dirigir-se já para o objetivo desejável no que diz respeito a se conseguir um sujeito educado, isto é, um cidadão atuante e consciente?

É aí que entra o componente fundamental presente na ação ético-política — a vontade, a intencionalidade do gesto do educador. Em uma sociedade em que os interesses são antagônicos, as vontades, sem dúvida, dirigem-se para objetivos conflitantes, apesar de o discurso "oficial" referir-se a um objetivo único: o chamado "bem comum", a realização pessoal, a integração participante na sociedade. Assim, o que o educador decide fazer com o saber é extremamente relevante para que sua ação seja qualificada de competente. Poderíamos dizer que, nessa medida, o saber e o saber fazer ganham uma espécie de caráter instrumental. Ou melhor, eles não têm sentido isolados do *para que* saber e fazer, que afasta a possibilidade de uma suposta neutralidade.

Se o professor pensa que sua tarefa é ensinar o ABC e ignora a pessoa de seus estudantes e a condição em que vivem, obviamente não vai aprender a pensar politicamente ou talvez vá agir politicamente em termos conservadores, prendendo a sociedade a laços do passado, ao subterrâneo da cultura e da economia,

afirma Florestan Fernandes (1986, p. 24). E vai mais além:

ÉTICA E COMPETÊNCIA   75

Se o professor pensar em mudança, tem que pensar politicamente. Não basta que disponha de uma pitada de Sociologia, outra de Psicologia, ou de Biologia Educacional, muitas de Didática, para que se torne agente de mudança. (Fernandes, 1986, p. 27)

É nessa medida que o professor pode funcionar como um intelectual orgânico (Gramsci, 1978, *passim*), contribuindo, através de um ensinamento comprometido, para as transformações necessárias na sociedade. Um trabalho do professor Octavio Ianni explora este tema. Cito boa parte, que me ajuda a reforçar o que afirmo:

Há quem pense que o intelectual orgânico é só aquele que está no partido, só aquele que está no sindicato ou que está no Congresso. Não só esse é o intelectual orgânico, mas a maioria, senão todos, somos intelectuais orgânicos, na medida em que o trabalho que se realiza, as ideias, os valores, os ideais em questão, entram na máquina da sociedade, no jogo das classes sociais, na produção, no discurso desta ou daquela classe e, mais frequentemente, na produção do discurso do poder. Nesse sentido, em grande parte, os intelectuais que estão nas atividades de docência e de pesquisa, e mesmo em atividades técnicas estão, por assim dizer, determinados pela condição de intelectuais orgânicos, no sentido de que entram na produção cultural ou na produção cultural de valores, ideais, padrões, conceitos, metáforas, imagens, propostas, projetos, planos, visões do mundo que entram na máquina da sociedade e fazem parte do jogo das forças sociais em luta, no âmbito da sociedade, com relação à reforma agrária, habitacional, universitária, à ditadura, democracia, ao capitalismo e socialismo. (Ianni, 1986, p. 49)

O reconhecimento dessa perspectiva evita que se caia no mencionado espaço da "boa vontade", presente no discurso dos educadores sob uma multiplicidade de rótulos — vocação, missão etc. Tudo como se houvesse um certo elemento "mágico", deslocado de circunstâncias históricas bem concretas, que determinasse o rumo da ação do educador, independente de um conhecimento sério do que se tem de ensinar na escola para produzir o que se chama de ensino de boa qualidade.

O desafio está mesmo em esclarecer o que significa esse "ensino de boa qualidade". Por vezes ele é identificado como aquele que vai "ao encontro das necessidades dos educandos". Entretanto, com frequência o discurso ideológico mascara o que se faz realmente na escola, sob a alegação de ir ao encontro das necessidades.

A necessidade, concretamente presente no contexto socioeconômico em que se vive, é, efetivamente, o primeiro motor da ação do educador. Entretanto, é importante lembrar que essa necessidade é histórica, situada, que há possibilidade de se atender a ela de múltiplas maneiras; há, até mesmo, possibilidade de não se atendê-la; e aí está o que faz a necessidade do saber escolar diferente de outras necessidades sociais, e estas das que se encontram no plano da natureza.

A vontade, articulada à consciência, mostra-se então como componente essencial da prática político-moral do educador. Entretanto, é impossível falar no ato compromissado sem que esse seja também um ato livre. A liberdade não coincide, porém, com a espontaneidade, e nem é expressão de alguns pretensos direitos naturais.

O conceito de liberdade deve ser examinado em relação com o de autonomia, entendida como capacidade de autocontrole, de autodeterminação individual, base necessária para dar sólido fundamento à vida social. É livre quem é [...] consciente de seus deveres e direitos, e capaz de conduzir-se autonomamente na vida. Portanto, liberdade não é um dado imediato, como creem os teóricos dos direitos naturais, mas é o resultado mais importante da educação. (Betti, 1981, p. 58)

É Gramsci, mais uma vez, quem pode nos ajudar a compreender a ação política como unidade de autonomia e direção:

> O conceito de liberdade deveria ir acompanhado do de responsabilidade que engendra a disciplina, e não imediatamente a disciplina, que neste caso se entende como imposta de fora, como limitação coativa da liberdade. Só é liberdade a liberdade "responsável", isto é, "universal", enquanto se põe como aspecto de uma liberdade coletiva ou de grupo, como expressão individual de uma lei. (Gramsci, *apud* Manacorda, 1977, p. 233)

Devemos, então, considerar a possibilidade que o indivíduo tem de ir ou não ao encontro dos meios que o ajudarão a atender às necessidades. Não se pode falar em compromisso se se está apenas no nível da coerção. Não se pode falar em compromisso no âmbito de necessidades que não se pode deixar de atender. É por isso mesmo que é um problema moral, para o qual se chama a atenção, o deixar de lado certas necessidades que qualificamos, socialmente, como "imperiosas". É necessário haver escola para todos. Entretanto, boa parte da população ainda não tem escola. É necessário haver ensino de boa qualidade; no entanto, as crianças saem da escola sem dominar o saber necessário para o exercício da cidadania. Sem comer, o indivíduo não pode ter vida. Sem escola, sua vida é "apenas" mais pobre. Todas essas questões são políticas, são éticas. É preciso que o educador saiba — e seja cobrado por isso — que é de sua vontade, articulada com seu saber consistente e com as possibilidades e os limites das circunstâncias, que dependerá o encaminhamento de sua prática educativa.

Podendo ver melhor a dimensão individual de sua ação — inegavelmente moral —, ele terá mais condições de deixar de atribuir ao "sistema", aos "outros", as razões de seu insucesso — ou poderá descobri-las e lutar para superá-las.

Muitas vezes assumimos os decretos, as normas burocráticas, os *curricula*, os salários, como destino, tendo deles uma concepção mágica. Não buscamos, coletivamente, conhecer e controlar as causas formais e eficientes que os produziram. Permanecemos no estágio fetichista do insulto aos males, exorcizando-os como se fossem produções extra-humanas. Neste sentido, é notável a capacidade que temos de assumir normas burocráticas, mesmo quando os cargos são exercidos por "eles", os kafkianos instauradores das mesmas normas absurdas que [...] praticamos. (Romano, 1986, p. 106-7)

Na tentativa de articular corretamente os elementos da competência do educador — suas dimensões técnica, estética, ética e política —, poderíamos aprofundar nossa reflexão em torno de um conceito já explorado quando procurei caracterizar a reflexão filosófica — o de *compreensão*. Estaríamos assim associando as ideias de com-preender e de comprometer, lançando-nos, pelo prefixo comum, à ideia de associação, de coletividade, rompendo com a ideia dominante do pensamento burguês, que é a de individualismo.

ÉTICA E COMPETÊNCIA

A ideia de promessa, de anúncio da realização de uma ação, é extremamente rica para explorarmos a noção de compromisso. Antes de mais nada, porque nos lança para o futuro. Prometer é anunciar algo que está por vir. E, ao mesmo tempo, quando se trata de uma ação como a do educador, para a necessidade do empenho para que o prometido venha, isto é, se torne realidade. Empenho não sinônimo de "torcida", mas de prática, envolvimento concreto com a realização do "prometido". Há ainda uma outra ligação que é a ideia de "prender-com" ou de "estar preso a". Quem promete está preso à promessa. Quem prende com, tem laços não apenas com o objeto, mas com o companheiro de apreensão do objeto.

Não se trata de um mero jogo de palavras, mas do que elas "querem dizer" — e que é preciso fazê-las dizer: assim como, no âmbito do saber, não se pode reduzir o indivíduo competente a um sujeito "sabido", e no nível do fazer não se pode "fazer de conta", também no nível do compromisso não é possível prometer sem ter elementos que permitam o cumprimento do que se anunciou. Às vezes, basta intervir em circunstâncias já disponíveis; na maioria das situações, é preciso criar essas circunstâncias. Do ponto de vista político, no sentido mais restrito, acusamos indiscutivelmente o indivíduo que faz promessas que não pode cumprir, na medida em que isso evidencia um desconhecimento, uma não compreensão (olhar abrangente) da situação sobre a qual se pretende agir, ou um gesto de má-fé. Assim, um gesto de compreensão é, também, um gesto *compreensivo*, no sentido ético e estético, de envolvimento com aquilo que se tem por objetivo.

Compreensão é, portanto, saber aprofundado, e envolvimento ético-estético-político do saber. Na esteira dessa significação, a questão — problemática — do desempenho do educador torna-se mais evidente nas situações concretas que vivenciamos no cotidiano de nossa prática educativa.

O resgate da significação da dimensão política, da dimensão técnica e da dimensão estética pela mediação da perspectiva ética abre a possibilidade de enfocarmos sob uma nova luz a questão do poder na educação.

É preciso pensar que o educador competente é um educador comprometido com a construção de uma sociedade justa, democrática, na qual saber e poder tenham equivalência enquanto elementos de interferência no real e organização de relações de solidariedade, e não de dominação, entre os homens. A ideia de poder, entretanto, é frequentemente associada apenas à de dominação, porque é assim que ele tem sido exercido, particularmente na sociedade brasileira hoje.

> Um dos aspectos mais enfatizados na atividade política tem sido a luta pelo poder. Na verdade, semelhante luta não passa de um instrumento, de uma etapa, que tem como pressuposto a definição do que se vai fazer após a conquista do poder. No contexto do sistema capitalista, baseado em um esquema de dominação, a conquista do poder poderia permanecer essencialmente contaminada por essa mesma situação de dominação. (Rezende, 1982, p. 82)

Dividida em classes, com um Estado a serviço dos interesses da classe dominante, a sociedade, na medida em que tem o poder representado, em certa perspectiva, pelo saber (o saber funciona na sociedade dotado de poder), tem negado a uma parcela de seus membros o acesso a esse saber na medida em que o domínio do saber, sua apropria-

ÉTICA E COMPETÊNCIA

ção, é sinônimo de possibilidade mais ampla de atuação. É assim que se qualifica como competente, de forma equivocada, o indivíduo que é considerado proprietário de um saber que não é partilhado.

Apesar dessa característica de que se reveste o poder em nossa sociedade e em nossa escola, vale lembrar que "não se explica inteiramente o poder quando se procura caracterizá-lo por sua função repressiva" (Machado, in Foucault, 1984, p. XVI).

Aliás, a manutenção da sociedade tal como ela se organiza no modo de produção capitalista contemporâneo não seria possível se não se ocultasse o aspecto repressivo do poder, e se, pelo menos no nível das instituições que compõem a sociedade civil, não houvesse hegemonia, que se apresenta como uma conjugação de força e consenso, de dominação e de persuasão.

É nesse sentido que julgo possível pensar na escola, na prática do educador, como um espaço de predominância do consenso e da persuasão. Pensar em uma situação de consenso no campo da educação não significa identificar consenso com "concordância em uma proposta pela totalidade dos sujeitos nela envolvidos". Pelo contrário, se minha fala parte do terreno da filosofia, é na problematização, no questionamento, que estarão lançados os esforços na direção da sociedade desejada. Não no sentido de situar-se em terreno instável, escorregadio, mas no reconhecimento do desafio como impulsionador da ação.

O consenso possível resultaria da explicitação dos elementos presentes na competência e na prática dos educadores, do confronto mesmo do discurso com a prática efetivamente desenvolvida na escola. Trata-se de aproveitar o espaço existente na sociedade civil para seu fortalecimento e para a transformação necessária na estrutura social. Uma vez que é sob a forma axiológica que os discursos pedagógicos tentam ocultar a luta de classes (Cury, 1985, p. 16), é por meio de uma reflexão que passa pela axiologia que se pode "desocultá-los". Aí, restaura-se o significado do político e consolida-se sua articulação com o técnico.

Não poderíamos superar a dicotomia técnica x política se apenas articulássemos a ética à política, e mantivéssemos a técnica como um campo autônomo, que de fora recebe as benesses, os benefícios de uma política fertilizada pela ética. É preciso garantir a ideia de que tanto na dimensão técnica quanto na dimensão estética e na política também se encontra a ética. O que temos é competência *técnico--estético-ético-política*. Procurei aqui apontar o caráter de mediação da ética como elemento de superação da dicotomia. A ética é mediação, mas também síntese das outras dimensões. Ela está expressa na escolha técnica e política dos conteúdos, dos métodos, do sistema de avaliação etc. ou ela tem de desvendá-los. O educador enquanto profissional é portador de valoração em sua prática.

Técnica, estética, ética, política não são apenas referências de caráter conceitual — podemos descobri-las em nossa vivência concreta real, em nossa prática. Sem dúvida, o real é mais amplo e mais rico que sua conceituação.

A mutabilidade real das coisas não se compatibiliza com uma imutabilidade conceitual. Na verdade, as referências nunca estão prontas. Elas se inserem no processo social porque nascem dele e dele são expressão. Ora, o processo social é mutável, e o é também porque incorpora elementos de conhecimento, nascidos da reflexão. (Cury, 1985, p. 15)

ÉTICA E COMPETÊNCIA

É a reflexão que nos fará ver a consistência até de nossa própria conceituação, e que, articulada à nossa ação, estará permanentemente transformando o processo social, o processo educativo, em busca de uma significação mais profunda para a vida e para o trabalho.

Capítulo 4

Ética e competência no contexto das organizações[1]

> [...] se a ética está referida à recusa de violência, à ideia de intersubjetividade consciente e responsável, de igualdade e de justiça, de liberdade como criação do possível no tempo, e ainda à democracia como invenção, reconhecimento e garantia de direitos — baseados nos princípios da igualdade e da diferença —, e se a forma contemporânea do capitalismo e da ideologia são contrários aos valores e normas que constituem o campo ético, [...] nossa primeira tarefa [...] é o combate lúcido ao que impede a ética na sociedade contemporânea. (*Marilena Chaui*)

Tenho aqui o objetivo de explorar questões que se referem à competência profissional e sua dimensão ética, para além do campo da educação. Retomo algumas ideias apresentadas em livros e artigos já publicados, transcrevendo

---

1. Este capítulo foi escrito especialmente para esta edição.

ÉTICA E COMPETÊNCIA

algumas de suas partes e remetendo os leitores aos textos integrais (Rios 2005, 2006, 2008, 2010a, 2010b).

Assim como em outras instâncias do social, constatamos hoje nas empresas uma preocupação com a ética, tanto no seu contexto interno quanto nas relações que estabelecem com a sociedade. É preciso, entretanto, estarmos atentos para o fato de que, muitas vezes, o apelo à ética se faz apenas no discurso e está ausente na prática das relações cotidianas. Daí a necessidade de fazermos constantemente o exercício da reflexão crítica, característica da filosofia, para identificar os limites e explorar as possibilidades de uma efetiva presença da ética.

Quando se faz o convite à reflexão filosófica no campo empresarial, podem-se encontrar reações muito diversas. "Não me venha com filosofias!" é uma das mais frequentes. Muitas pessoas julgam que a filosofia é algo que não tem relação com a realidade, próprio de quem sempre vive "com a cabeça nas nuvens", distante da vida cotidiana. E há, por outro lado, aqueles que pensam que a filosofia é uma espécie de "sabedoria prática", a que se recorre para "levar a vida" sem problemas. Como são muitas as ideias, é importante esclarecer do que se fala quando se faz aqui o convite. Retomo, então, a ideia explorada no início deste trabalho: a filosofia, definida pelos gregos como "amizade à sabedoria", se caracteriza como uma busca constante e amorosa de um saber largo e profundo, uma reflexão que busca compreender o sentido da realidade e dos seres humanos em sua relação com ela.

Afirmamos que a reflexão nos faz ver com clareza nosso ponto de vista (que é sempre a vista de um ponto, como afirma Leonardo Boff (1997, p. 9) e reconhecer que existem outros pontos de vista. A contradição é uma característica fundamental da realidade, que é plural, multifacetada e exige um esforço de abrangência para seu conhecimento. Para isso, devemos assumir uma atitude crítica.

Costuma-se pensar na crítica, no nível do senso comum, como um gesto de "falar mal", de indicar os aspectos negativos de uma pessoa ou de uma atitude. Não é assim que a estamos considerando aqui. Quando assumimos uma atitude crítica, procuramos olhar de maneira abrangente, para ver os aspectos bons e maus. A crítica nos permite "iluminar" o que estamos investigando, no sentido de aprimorar o que está bom e procurar superar o que não está. Na atitude crítica, encontra-se um questionamento, uma indagação, um desejo de ampliar o nosso conhecimento.

O esforço filosófico, como exercício de crítica, implica uma atitude humilde e corajosa.

A atitude crítica é *humilde*, no sentido de reconhecer os limites que existem nas situações vivenciadas. Só quem reconhece que não sabe, que há ainda muito por ser conhecido, empreende uma busca no sentido de ampliar seu saber.

E é *corajosa*, porque é sempre um gesto de provocação e, por isso, sempre tende a enfrentar perigos, ameaças. O olhar crítico desvenda, aponta coisas que podem incomodar, desinstalar, exigir mudanças para as quais muitas vezes não se está preparado.

Voltando-se para o mundo das empresas e das organizações, a reflexão filosófica buscará, ao lado de outras perspectivas de conhecimento, compreender o fenômeno organizacional em todas as suas facetas, procurará olhar criticamente a tarefa de todos os profissionais e da instituição, da empresa enquanto instância social e política. Perguntará pelo sentido das ações e relações dos indivíduos que as compõem e poderá auxiliar nas decisões que se tomam com a intenção de transformá-las. Na sua feição de ética, procurará apontar os princípios que devem nortear as ações e que sustentarão a qualidade da organização e a competência dos profissionais.

Trabalho no mundo contemporâneo: tecnologia e globalização

As instituições sociais não são entidades abstratas. Elas cumprem funções específicas na sociedade. E, no caso das organizações, mais particularmente das empresas, isso se afirma de modo mais peculiar, uma vez que constituem o que é chamado de mercado de trabalho.

Vale chamar atenção para a distinção, nem sempre reconhecida, entre mercado de trabalho e mundo do trabalho.

O *mundo* do trabalho é a própria cultura humana, que resulta da intervenção consciente e criativa dos seres humanos na realidade com a qual entram em contato. É pelo trabalho que os seres humanos se constituem enquanto tal. E é pela maneira como, trabalhando, homens e mulheres produzem sua vida, que se organizam as diversas formas de sociedade. Os diversos sistemas econômicos se configuram a partir da produção da vida material, e dela decorrem os outros modos de produção da existência.

Vivemos numa sociedade capitalista. É aqui que ganha sentido a referência ao *mercado* de trabalho. A sociedade capitalista se caracteriza pela divisão entre os indivíduos e grupos detentores dos meios de produção e indivíduos que vendem sua força de trabalho, entendida como esforço intelectual e manual. O mercado de trabalho é espaço de negociações, de embates, de competição, de exploração. E, como todo espaço social, é marcado por contradições. Exploramos esta questão quando nos referimos à escola na sociedade capitalista. Volto a ela brevemente para situá-la no contexto das organizações.

A organização do trabalho na sociedade capitalista resulta de um processo desenvolvido desde as primeiras sociedades e, no mundo contemporâneo, é marcada especialmente pelo avanço da tecnologia e pela globalização.

Falamos em um mundo tecnológico, na atualidade, mas devemos lembrar que "a técnica é a reforma que o homem impõe à natureza em vista da satisfação de suas necessidades. [...] É o contrário da adaptação do sujeito ao meio, posto que é a adaptação do meio ao sujeito (Ortega y Gasset, 1963, p. 14). Portanto, a técnica sempre esteve presente na história, como elemento constituinte da humanidade. O que constatamos nos nossos dias é que há um processo acelerado de desenvolvimento da tecnologia, o que traz consequências específicas para a vida dos seres humanos, sua maneira de atuar na sociedade e as relações que estabelecem uns com os outros. Linares (2008) nos fala da presença de um "imperativo tecnológico" no mundo contemporâneo, que se traduz como "faça-se tudo que seja tecnologicamente possível". Para o autor,

[...] este "imperativo tecnológico implica que tudo o que pode realizar-se tecnicamente está justificado por fins e benefícios

ÉTICA E COMPETÊNCIA

pragmáticos imediatos, independentemente dos riscos inerentes." [...] A atividade técnica converteu-se em uma tarefa de primeira ordem e importância; de simples meio para os fins humanos converteu-se em uma finalidade em si mesma a que o ser humano rende tributo e entrega grande parte de sua energia vital. [...] Nosso destino parece estar ligado indefectivelmente ao poder tecnológico. (Linares, 2008, p. 382, 389)

Ao lado do fenômeno de um avanço tecnológico que influencia de maneira determinante a vida das sociedades, manifesta-se outro fenômeno igualmente transformador dessa vida — a globalização, que designa a expansão de inter-relações, principalmente de natureza econômica, em escala mundial, entre países e sociedades de todo o mundo. Ela se expressa, no dizer de Vieira (1997, p. 73-74),

não somente em termos de maiores laços e interações internacionais, como também na difusão de padrões internacionais de organização econômica e social, consumo, vida ou pensamento, que resultam do jogo das pressões competitivas do mercado, das experiências políticas ou administrativas, da amplitude das comunicações ou da similitude de situações e problemas impostos pelas novas condições internacionais de produção e intercâmbio. As principais transformações acarretadas pela globalização situam-se no âmbito da organização econômica, das relações sociais, dos padrões de vida e cultura, das transformações do Estado e da política.

Apontam-se muitos aspectos negativos da globalização. Um deles é a constatação do paradoxo do crescimento da pobreza ao lado do progresso tecnológico. O aperfeiçoamento das técnicas de comunicação e a circulação de objetos e ideias culturais convivem com a exclusão social. Afirma-se que estamos num mundo desencantado, no qual se desprezam alguns valores fundamentais na construção do mundo e do humano. Apesar disso, entretanto, alguns estudiosos veem efeitos positivos, como a superação do isolamento nacional, a internacionalização de movimentos sociais, a consideração do pluralismo cultural e mesmo a busca de um mundo mais solidário porque mais interligado. (Rios, 2010a)

Bauman (1999, p. 70), diante desse quadro, afirma que

> A "globalização" está na ordem do dia; uma palavra da moda que se transforma rapidamente em um lema, uma encantação mágica, uma senha capaz de abrir as portas de todos os mistérios presentes e futuros. Para alguns, "globalização" é o que devemos fazer se quisermos ser felizes; para outros, é a causa da nossa infelicidade. Para todos, porém, "globalização" é o destino irremediável do mundo, um processo irreversível; e é também um processo que nos afeta a todos na mesma medida e da mesma maneira. Estamos todos sendo "globalizados" — e isso significa basicamente o mesmo para todos.

Burbules e Torres (2004, p. 17), por seu lado, examinam com mais cautela o fenômeno, afirmando que, apesar das mudanças inegáveis,

> [...] Os efeitos da globalização às vezes são exagerados. Qualquer bom observador ou viajante do mundo irá notar que o chamado "processo de globalização" não é tão global. Vastos segmentos do mundo permanecem quase intocados por muitas das dinâmicas da globalização. O que temos visto é uma segmentação (mundial) entre a cultura globalizada —

por exemplo a prevalência de um *habitus* urbano e cosmopolita — e o resto do mundo, que enxerga poucos dos benefícios (até onde eles existem) do acesso ao mercado global ou a culturas cosmopolitas.

O que parece, sim, fora de dúvida, é que se está diante de algo que desafia as sociedades e as instituições no sentido de buscar alternativas coletivas para superar os problemas e internacionalizar benefícios, na direção de uma cidadania mundial ou planetária, como se tem afirmado.

Profissão e cidadania

Num mundo com as características que identificamos, requer-se dos profissionais, mais do que nunca, uma atitude crítica no sentido de questionar o seu papel e de não só buscar atender as demandas — muitas vezes discutíveis — do mercado, mas de questioná-las e intervir na direção das mudanças necessárias. Isso implica realizar um trabalho de boa qualidade, um trabalho competente. Vale, então, chamando atenção para o trabalho que se desenvolve nas organizações, retomar aqui as dimensões da competência, que foram apresentadas no capítulo anterior:

— a dimensão *técnica*, que diz respeito ao domínio dos saberes (conteúdos e técnicas) necessários para a intervenção em cada área específica de trabalho e à habilidade de construí-los e reconstruí-los;

— a dimensão *estética*, que diz respeito à presença da sensibilidade dos indivíduos na percepção das relações intersubjetivas que se dão em seu trabalho, da perspectiva de afetividade, no sentido de se deixar afetar pelo trabalho e estar atento às manifestações dos outros com que convive;

— a dimensão *política*, que diz respeito à consciência e à definição da participação na construção coletiva da sociedade e ao exercício de direitos e deveres;

— a dimensão *ética*, que diz respeito à orientação da ação, fundada nos princípios do respeito, da solidariedade e da justiça, na direção da realização de um bem coletivo.

Ressalte-se que não se trata de inúmeras competências, mas sim de uma atuação na qual se articulam aquelas diversas dimensões, que a constituem e identificam. A competência é reconhecida — e pode ser avaliada — exatamente a partir da presença dessas dimensões. Wittorski (2004, p. 78) afirma que "[...] a competência é um "saber agir" reconhecido — não nos declaramos competentes, isso depende de uma apreciação social". No mesmo sentido, Le Boterf nos diz que

> [...] não há competência senão em ato. A competência não pode funcionar a vácuo", fora de qualquer ato que não se limita a expressá-la, mas que a faz existir. [...] Há sempre um contexto do uso da competência. Assim como uma coleção de bolas não constitui uma partida de bocha, um conjunto de saberes ou habilidades não forma uma competência. O profissionalismo se desenvolve em uma prática de trabalho. A competência emerge na junção de um saber e de um contexto. A mobilização das competências deve exercer-se sob dupla imposição: a imposição objetiva,

externa, do contexto, e a imposição subjetiva que o sujeito atribui para si. Com efeito, é em função da percepção que o sujeito tem das imposições existentes que julgará se pode ou não ativar a operacionalização do que ele sabe. (Le Boterf, 2003, p. 49)

É nessa medida que afirmamos que a competência não é algo estático, e que não há um modelo rígido de competência — ela vai-se construindo na ação dos indivíduos, levando-se em conta as necessidades concretas, de caráter histórico, desses indivíduos e dos grupos que eles constituem na sociedade. Heijden e Barbier (2004, p. 51) afirmam que "o desenvolvimento da competência é influenciado pelas exigências da tarefa confiada ao sujeito e pelas condições de trabalho na empresa". Como a competência diz respeito às condições, não só dos profissionais, individualmente, mas daqueles com os quais se relacionam e das circunstâncias em que desenvolvem sua prática, não se pode atribuir a responsabilidade pela qualidade do trabalho apenas aos trabalhadores, isoladamente.

A competência deve ser considerada, também, como "[...] mais um processo que um estado". (Wittorski, 2004, p. 77). Daí decorre a necessidade de uma formação continuada dos profissionais. A formação continuada pode ser definida como o processo de desenvolvimento da competência dos profissionais (Fusari e Rios, 1996). No contexto dessa formação, a ética se mostra como um elemento indispensável, questionando os valores que sustentam as ações, perguntando pelos seus fundamentos, problematizando as escolhas e decisões realizadas no âmbito da moral. Chamamos a ética de dimensão fundante na medida em que, ainda que o indivíduo tenha um domínio técnico de seu fazer, perceba as implicações das relações que desenvolve, se empenhe em tomar decisões, ou traga grandes lucros para sua empresa, se ele não tiver sua ação fundamentada na ética seu trabalho não poderá ser reconhecido como competente.

Vimos que as ações morais têm sua origem nos *costumes* de cada sociedade. Esses costumes estão fundados em valores — o que é costumeiro é confundido, muito frequentemente, com o que é bom. E, então, porque algumas ações reprováveis tornam-se costumeiras em algumas instâncias sociais, as pessoas são levadas a afirmar que "já que é costumeiro, não é mau". Isso é o que acontece muitas vezes nas organizações — recorre-se a determinadas formas de comportamento já "consagradas", sem perguntar por sua consistência ou coerência. São "costumeiros" os atrasos para as reuniões, o favorecimento aos que "obedecem sem criar problemas", logo... serão bons?

É para evitar equívocos dessa natureza que recorremos à ética. Diferente da moral, que tem um caráter normativo, a ética tem um caráter reflexivo. As ações morais podem ser julgadas com base em seus princípios — o respeito, a justiça, a solidariedade.

O respeito é princípio nuclear da ética — dele decorrem os outros. Respeitar implica, em primeiro lugar, reconhecer a presença do outro como igual, em sua humanidade. Para respeitar alguém, é preciso, antes de mais nada, que se admita que ele existe, que se reconheça a sua existência. Parece algo simples, mas que guarda, na verdade, grande complexidade. Tantas vezes passamos pelas pessoas como se elas não existissem, deixamos de ouvir o que elas nos dizem, vamos adiante com o nosso discurso sem considerar a palavra, as ideias e os sentimentos dos outros, que são

ÉTICA E COMPETÊNCIA

outros eus. Não são eu, mas são *como eu*, e deles depende também o reconhecimento de minha existência.

É importante, portanto, pensar que a nossa identidade é garantida pelos outros, pela presença da alteridade. Mesmo no espelho mais cristalino, a imagem que eu tenho de mim é invertida. Quem fala de mim é quem me vê, quem está na minha frente — é o outro, o *alter*, aquele que me reconhece. Quando deixo de reconhecer o outro, nego ao outro a sua identidade. Se não levo em conta a alteridade, a presença do outro, instalo algo chamado *alienação*, porque trato o outro como o *alienus*, o alheio, aquele que nada tem a ver comigo. Marx falou da alienação econômica. Podemos falar numa alienação de caráter ético, que significa o não reconhecimento do outro, o desrespeito à diversidade e, portanto, a impossibilidade de se instalar o diálogo.

Justiça é igualdade na diferença. Somos diferentes, homens e mulheres, adultos e crianças, cristãos e mulçumanos. Mas somos iguais em direitos, iguais no direito de ter direitos, de criar direitos. Somos, portanto, diferentes e iguais. O contrário de igual não é diferente. É *desigual*, e tem uma conotação social e política. A afirmação da identidade se dá na possibilidade da existência da diferença e na luta pela superação da desigualdade.

A solidariedade se afirma na consideração do outro para além dos deveres, das prescrições. Nela se evidencia a disponibilidade para "sentir junto", partilhar efetivamente a existência, na pluralidade de valores.

A afirmação desses princípios faz ver a articulação estreita entre ética e política, já antes mencionada. O profissional que desenvolve seu trabalho na empresa participa também das várias instâncias da sociedade como cidadão.

É preciso, então, que estejamos atentos para as implicações e as contradições que se manifestam nessa vivência social.

A vida política é forma da existência humana em comum, "um componente integral da questão humana, em cuja órbita nos movemos a cada dia", como afirma Arendt (1998, p. 29). Para essa autora,

> a política é algo como uma necessidade imperiosa para a vida humana e, na verdade, tanto para a vida do indivíduo como da sociedade. Como o homem não é autárquico, porém depende de outros em sua existência, precisa haver um provimento da vida relativo a todos, sem o qual não seria possível justamente o convívio (Arendt, 1998, p. 46).

A cidadania implica, então, uma consciência de pertença a uma comunidade e de responsabilidade partilhada. Ela ganha seu sentido num espaço de participação *democrática*, na qual se respeita o princípio ético da solidariedade.

É essa visão solidarista que traduz o verdadeiro sentido da cidadania, nas origens, afirma Comparato (1998, p. 12). Esse sentido vai se transformando, historicamente. Santos (1995, p. 210) nos diz que

> o segundo período do capitalismo nos países centrais, o capitalismo organizado, caracteriza-se pela passagem da cidadania cívica e política para o que foi designado por "cidadania social", isto é, a conquista de significativos direitos sociais, no domínio das relações de trabalho, da segurança social, da saúde, da educação e da habitação.

No mundo contemporâneo, cada vez mais, as organizações são solicitadas a assumir um compromisso com a promoção dessa cidadania, do bem-estar e da satisfação dos indivíduos e grupos na sociedade. Elas têm um papel fundamental na produção de boas condições de trabalho e práticas de responsabilidade social, riquezas que elevam o nível e a qualidade de vida de um país. Se essas organizações estão efetivamente voltadas para a promoção e o desenvolvimento de ações que vão ao encontro de necessidades concretas da comunidade da qual fazem parte, elas não podem deixar de tomar como referência os princípios da ética e ter como horizonte o bem comum.

"A gente não quer só dinheiro" — ética no trabalho, para além dos códigos

Alguns autores procuram indicar os motivos que levam as empresas a terem o que chamam de "preocupações éticas". Humberg (2008, p. 97) afirma que

> Quatro novos desafios parecem especialmente significativos para a Ética Empresarial no mundo. [...] O primeiro é o uso das novas tecnologias de comunicação, particularmente da Internet, que cria a necessidade de novas regras. O segundo é a globalização com busca de menores custos e a generalização do capitalismo, levando ao desenvolvimento de empresas em países sem regulamentações adequadas, criando concorrência desleal à empresas organizadas e que seguem critérios éticos. O terceiro é o crescimento das organizações não governamentais radicais, para as quais capitalismo, multinacionais e mesmo empresas são inimigos a destruir. E o quarto são as novas tecnologias em geral, que criam a necessidade da definição de parâmetros totalmente diferen-

tes, como é o caso da biotecnologia, da nanotecnologia e outras.

Também Srour (2008) traz como título de um artigo a pergunta "Por que empresas eticamente orientadas?". E responde:

[...] Somente o exercício de fortíssimas pressões externas poderia compelir os interesses empresariais a satisfazer outras demandas que não as próprias. [...] As empresas estão sendo forçadas a assumir práticas de responsabilidade social corporativa e, por extensão, a trilhar os caminhos da sustentabilidade empresarial, no mais das vezes, a contragosto. Assim sendo, quem exerce tais pressões? A social civil — definida como cidadania organizada e ativa, ou como conjunto de agentes articulados e mobilizados capazes de intervenção política.

A preocupação com a reputação é algo para que Srour chama atenção, afirmando que

[...] as empresas eticamente orientadas são as que geram lucros para os acionistas, protegem o meio ambiente e melhoram a vida de seus públicos de interesse. [...] Assim, ao levarem a sério esses compromissos e ao realizarem a façanha de traduzi-los em práticas, as empresas se credenciam para alcançar perenidade e boa reputação. (Idem, p. 66)

Levando em consideração o conceito de ética que aqui trazemos, devemos pensar que a questão não é apenas a de conseguir boa reputação, o que se reduziria a um interesse de caráter pragmático. Diante dos desafios, é necessário considerar que não se trata apenas de atender a interesses corporativos ou de instituir novas regras. Essas são criadas no espaço da moral, que é normativa. É em seu campo que se ordena: faça isso, não faça aquilo, se estabelecem modelos e códigos para o comportamento. O que chamamos de código de ética é, na verdade, um código de moral, porque é normativo, estipula deveres, assim como indica direitos. Um código de ética corresponderá tanto mais à sua denominação quanto mais aqueles que o definem estiverem atentos para verificar se ele está correspondendo mesmo àquilo que ali se coloca, se aponta para o bem comum.

Portanto, não é só no interior das organizações que as ações dos profissionais e dos grupos terão um caráter positivo, mas em todo o contexto social, levando-se em conta nossa vivência limitada pelas contradições do sistema capitalista. Kliksberg afirma que

[...] associar a ética com a economia significa que valores éticos fundamentais, como entre outros, a responsabilidade recíproca das pessoas, a solidariedade ativa, a justiça social, a possibilidade de participar, a liberdade de desenvolver suas potencialidades [...] se convertam em valores que orientem, atuando como diretrizes para dirigir a economia. (Kliksberg, 2008, p. 291).

Também Linares (2008) traz a proposta de realizar uma discussão que se encaminhe na direção de "uma ética para o mundo tecnológico". Ela será

[...] uma ética que construa um novo conceito de responsabilidade coletiva e que estabeleça as bases para uma ação ético-política em nível global, mais que para a mera tomada de consciência e ação individual. Para isso, a ética busca expandir o horizonte da consideração moral para enfrentar os diversos problemas globais em diversos horizontes: seres humanos/outros seres vivos, interesses individuais/interesses e responsabilidades coletivas, interesses da humanidade atual/interesses das gerações futuras, responsabilidade pelo humano/responsabilidade pela natureza em seu conjunto". (Linares, 2008, p. 441)

Isso implica a realização do bem comum, cujo outro nome é *felicidade*, que não deve ser confundida com algo romântico, e sim tem a ver com a concretização da vida, com a realização — sempre buscada — do ser humano, e que é algo que não se experimenta apenas individualmente, que ganha seu sentido mais pleno na coletividade.

Vergnières (1998, p. 161) afirma que "a cidade só é comunidade verdadeiramente política quando se torna comunidade ética". É realizando sua tarefa de cidadão que cada indivíduo "pode dar prova de suas qualidades e experimentar a felicidade especificamente humana da vida ativa". Toda cidade deve ser organizada solidamente, de sorte que os cidadãos sejam capazes de agir juntos não somente para subsistir, mas para viver felizes (Idem, p. 162).

Logo, a cidadania que precisamos exercer, com a realização de um trabalho competente, não é uma cidadania qualquer. Ela ganha sentido num espaço *democrático*, que demanda um esforço de construção coletiva de uma *vida feliz*. O que é uma vida feliz senão a possibilidade de viver plenamente o direito de acesso aos bens de toda natureza produzidos pela sociedade e de participação na construção coletiva de novos bens e direitos? Se a realização do bem comum é a finalidade da vida dos indivíduos em sociedade, o trabalho de todos deve ser orientado para que se alcance esse objetivo.

Aqui se explicita a minha tese: *o trabalho competente é um trabalho que faz bem*. É aquele em que o profissional mobiliza todas as dimensões de sua ação com o objetivo de proporcionar algo bom para si mesmo, para aqueles com quem partilha o trabalho e para a sociedade. Ele utiliza todos os recursos de que dispõe — recursos que estão presentes ou que se constroem nele mesmo e no entorno — e o faz de maneira crítica, consciente e comprometida com as necessidades concretas do contexto social em que vive e desenvolve seu ofício.

Se nos voltarmos para a história dos indivíduos que se destacam ou destacaram como líderes ou para a história das organizações bem-sucedidas, vamos encontrar a presença do questionamento reflexivo e crítico, próprio da filosofia, como estimulador dos processos na direção do objetivo fundamental que é a construção da sociedade justa e solidária, do *bem comum*.

Concordo com Eugenio Mussak (Cortella; Mussak, 2009, p. 8) quando ele afirma que

> [...] liderança não é cargo. Nas organizações existem cargos de gerentes, diretor, supervisor, superintendente, mas não de líder, embora algumas empresas adotem essa denominação. Em princípio, liderança não é cargo, mas uma condição, um comportamento humano. E, logicamente, é desejável que as pessoas que ocupam esses cargos comportem-se como líderes, o que nem sempre acontece.

No diálogo com Mussak, Cortella acrescenta que

> [...] liderança não é determinada pela hierarquia em qualquer dimensão. Passando a vista pela história, deparamos com

muitos líderes que não tinham cargos de chefia. Alguns eram até "anti-chefes". Basta que nos lembremos de Figuras como Nelson Mandela, Mahatma Gandhi, Jesus de Nazaré, Martin Luther King, Sócrates, Madre Teresa de Calcutá — pessoas que não ocupavam nenhum cargo de chefia. [...] Enquanto a chefia é caracterizada pelo poder de mando sustentado pela posição que a pessoa ocupa em determinada hierarquia (na família, na empresa, na escola etc.), a liderança é uma autoridade que se constrói pelo exemplo, pela admiração, pelo respeito (Cortella; Mussak, 2009, p. 8-9).

É nessa medida que temos que ressaltar o componente ético da liderança. Se falamos em respeito, estamos nos referindo ao princípio básico da ética. Assim, o respeito que se destaca no líder não é apenas o que se encontra na relação dele com os que o cercam em seu contexto particular — na família, na empresa, na escola —, mas no contexto mais amplo da sociedade na qual ele vive. As chamadas "lideranças negativas" não mereceriam o nome de lideranças, em virtude da ausência da ética. O "bem" de um grupo, de uma facção, de uma classe não terá um caráter ético se não representar também o bem de todos.

Colaborar na construção da felicidade, no seu mais pleno sentido, é a tarefa que está apontada como propósito das organizações que se apresentam como cidadãs. Portanto, não é no trabalho isolado ou apenas na construção de um código que elas trazem a ética para seu espaço. É no cotidiano das ações e relações que os princípios devem se concretizar. Esse é o grande desafio que historicamente se coloca para as sociedades. Hoje, no Brasil, temos que nos dispor a enfrentá-lo criticamente, vendo além do que o olhar imediato e ideológico nos faz conhecer. É importante partir dos

ÉTICA E COMPETÊNCIA   103

problemas que se encontram no cotidiano dos profissionais e procurar olhá-los de diversos pontos de vista, buscando articulá-los com o contexto social mais amplo e permanecendo alerta para as transformações que são necessárias. É preciso lembrar que ainda se encontram algumas resistências — o exercício de reflexão ainda não é algo habitual, num mundo em que se anda em busca de receitas fáceis e imediatas! Mas é num esforço sério e coletivo que se encontra a possibilidade de caminhar na direção de uma sociedade mais democrática e solidária. Essa sociedade não está pronta. E seguramente nunca estará. Por isso devemos nos empenhar em construí-la cotidianamente, pondo em movimento a utopia — não algo que não pode existir e sim que *ainda não* existe —, em todos os nossos espaços profissionais. No próximo capítulo, refletiremos sobre o caráter utópico da ética, no campo da educação e em outras áreas de atuação profissional.

Capítulo 5

Competência e utopia: prática profissional e projeto

> Não por orgulho meu, mas antes por me faltar o raso de paciência, acho que sempre desgostei de criaturas que com pouco e fácil se contentam. (*J. Guimarães Rosa*)
>
> A esperança não é para amanhã. A esperança é este instante. Precisa-se dar outro nome a certo tipo de esperança porque esta palavra significa sobretudo espera. E a esperança é já. (*Clarice Lispector*)

O profissional competente terá de ser *exigente*. Quero usar, aqui, a ideia de exigência associada à de *necessidade*. Certas circunstâncias exigem de nós determinadas posturas, e não podemos nos recusar a assumi-las, porque se impõem como necessárias. O profissional exigente não se contentará com pouco, não procurará o fácil; sua formação deverá ser a formação de um sujeito atuante no contexto social e no processo de transformação de um sistema au-

ÉTICA E COMPETÊNCIA 105

toritário e repressivo; o rigor será uma exigência para sua prática.

É preciso, entretanto, não confundir rigor com rigidez, com ausência de flexibilidade. Muitos gestores, por exemplo, julgam, ingenuamente, que sua autoridade se sustenta em atitudes "firmes", que, na verdade, são duras e inflexíveis. Agir com rigor implica assumir constantemente a atitude crítica diante das situações desafiadoras. Para os profissionais da educação, significa estar alerta contra um *laissez-faire* que se identifica com o espontaneísmo, contra o qual se insurgia Gramsci, em sua reflexão sobre a *praxis* educativa. Manacorda (1977, p. 202) faz referência mesmo a uma "pedagogia (gramsciana) da exigência", espaço da competência em toda a abrangência de sua significação.

Há sem dúvida dificuldades, entraves, para o trabalho de qualquer profissional — as situações que vivencia apresentam inúmeros limites. Mas a constatação disso não deve gerar imobilismo. É preciso pensar no que será possível fazer no contexto do trabalho para superar os problemas. Trata-se de pensar na "parte que nos cabe", lembrando que, sendo parte, ela está inegavelmente ligada a outros elementos componentes de um todo. E na parte que nos cabe aparece a contribuição da filosofia, da reflexão crítica, não como norteadora, como vimos, mas como esclarecedora, em sua busca de compreensão.

As perguntas que a filosofia vai fazer insistentemente à prática profissional são: o que resulta de nossa intervenção na realidade? para que e por que realizamos nosso trabalho? que significado tem isso para a sociedade em que vivemos? Essas questões devem estar presentes no dia a dia de todos os profissionais.

Para os educadores, elas permitem resgatar o sentido primeiro de educação (*educere*), como condição para a realização dos indivíduos. Deixada de lado a velha concepção de realização como algo idealisticamente considerado, é preciso pensar na relevância da atuação do profissional que é o intermediário entre o aprendiz — o educando — e a realidade, a partir de cujo conhecimento ele poderá, isso sim, atuar e transformar, transformando também a si próprio.

Por aí passa uma visão de professor e de educação que me parece a mais correta — a de *mediador*, a de *ação mediadora*. Pois na relação professor-aluno, educador-educando, o que se visa é a aquisição do conhecimento. E este é sempre a relação do sujeito com a multiplicidade de objetos com os quais se depara. Assim, professor e aluno são sujeitos conhecedores, e a tarefa do professor é estabelecer o diálogo do aluno com o real, não com ele, professor, especificamente. Porque é por meio da relação professor-aluno que o objeto, que é o mundo, é apreendido, compreendido e alterado, numa relação que é fundamental — a relação aluno-mundo —, propiciada pela relação professor-mundo. Chaui (1980, p. 39) tem uma abordagem muito precisa sobre esta questão:

> O professor de natação não pode ensinar o aluno a nadar na areia fazendo-o imitar seus gestos, mas leva-o a lançar-se na água em sua companhia para que aprenda a nadar lutando contra as ondas, fazendo seu corpo coexistir com o corpo ondulante que o acolhe e repele, revelando que o diálogo do aluno não se trava com seu professor de natação, mas com a água. O diálogo do aluno é com o pensamento, com a cultura corporificada nas obras e nas práticas sociais e transmitidas pela linguagem e pelos gestos do professor, simples mediador.

A metáfora utilizada me parece extremamente rica, e quero aproveitá-la para algumas considerações: para fazer o aluno entrar em contato com a água de modo eficiente e eficaz, o professor, se vai entrar junto com ele na água, tem de saber bem sobre a água, conhecer suas características, e saber fazer bem os movimentos que permitirão um contato que possa ser chamado de nado, de verdade. E precisa ter consciência do alcance, da responsabilidade de seu gesto, para produzir um nadador.

O professor é "simples mediador", afirma Chaui. Alguns podem ver nessa afirmação, isolada do contexto em que é feita, uma concessão à afirmação de que "o aluno é o centro do processo", diminuindo o significado do papel do professor. O que se quer, entretanto, a partir da diferença dos papéis (porque os papéis de professor e aluno são efetivamente diferentes), é garantir a especificidade e a articulação dos papéis. O professor é mesmo mediador — é específico de seu papel a mediação entre aluno e saber sistematizado, cultura, realidade. Para essa mediação exige-se um saber fazer bem, precisa-se de uma permanente visão crítica sobre ela.

A atuação do educador não é o único fator que contribui, ou pode contribuir, para a melhoria da educação. Há fatores intra e extraescolares que interferem na prática dos educadores. Entretanto, o centro da educação está, em última instância, no que Cury (1985, p. 112-3) chama de agentes pedagógicos, aqueles que

se tornam subsidiariamente organizadores das consciências. Essa organização se intenciona em busca de consentimento coletivo consentâneo à direção moral e intelectual que a classe dominante quer informar a toda a sociedade.

Mas, na contradição existente na instituição escolar, pode-se perceber que esses agentes "têm condições de propor outros fins para a educação que não os dominantes, ou então postular a realização efetiva de objetivos proclamados". Na perspectiva ética, descobrindo a verdadeira dimensão de moralidade e sua conotação política, o educador tem de "saber dimensionar a função política da educação dentro de uma concepção de mundo, dada pela filosofia da práxis". (Cury, ibid.)

O que se afirma sobre a atuação do professor aplica-se, de maneira semelhante, aos profissionais de outras áreas. Eles deverão estar conscientes das implicações de suas ações, de suas atitudes nas relações que estabelecem no interior das organizações e com os usuários de seus serviços. No que diz respeito aos gestores, é importante pensar no caráter mediador de sua atuação. Deixando de lado a concepção de chefia como atitude de mando e assumindo a ideia de gestão como acompanhamento responsável do trabalho de outros profissionais, podemos ver os gestores como mediadores — articuladores da teoria e da prática, estimuladores de ações criativas e inovadoras, sensíveis às propostas dos companheiros. É agindo assim que poderão ser chamados de líderes, no melhor significado desse conceito.

É no cotidiano de nossas práticas que estamos construindo a história de nossa sociedade. Marcados pela ideologia que registra e enfatiza os atos do que se costumou chamar de "grandes personagens", às vezes deixamos de considerar que a história não é feita apenas por esses personagens, mas por *todos* os indivíduos de uma determinada época, em uma determinada sociedade, a partir de seus

ÉTICA E COMPETÊNCIA

desejos e necessidades e dentro das condições concretas que encontram e constroem. É aqui e agora que fazemos nossa história. O que se registrará nos livros de história do Brasil que serão consultados pelos que virão a seguir está sendo feito hoje pelos brasileiros que somos nós.

É a partir dos profissionais *que somos* que vamos caminhar para os profissionais que *queremos ser.* E a passagem do que se propõe como *ideal,* aquilo que ainda não temos, para o que é necessário e desejado, se faz somente pelo *possível.* Onde encontrar as condições da possibilidade? No único espaço onde ela já existe, exatamente como possibilidade: o *real,* o já existente. O novo é *causa mortis* do velho, afirma com propriedade Rodrigues (1985, p. 17). A nova escola, a nova empresa, a nova organização só podem nascer dessas que aí estão. O novo educador, a nova educadora, o novo administrador, o novo político já estão aí, naqueles que estão trabalhando ou se preparam para trabalhar no contexto profissional brasileiro. O desafio está na necessidade de se superarem os problemas e se encontrarem/ criarem recursos para a transformação. Isso se concretiza na elaboração de *projetos* de ação.

O que significa um *projeto?*

O recurso ao dicionário (Ferreira, s/d., p. 1153) indica-nos: "(do latim *projectu,* particípio passado de *projicere,* lançar para diante), plano, intento, desígnio. Empresa, empreendimento. Redação provisória de lei. Plano geral de edificação".

Ao organizarmos projetos, planejamos o trabalho que temos intenção de realizar, lançamo-nos para diante, olhamos para a frente. Projetar é relacionar-se com o futuro, é começar a fazê-lo. E só há um momento de fazer o futuro

— no presente. O futuro é o que viveremos como presente, quando ele chegar. E que já está presente no projeto que dele fazemos. Pode parecer complicado, mas trata-se de algo que se constata na nossa vivência do cotidiano. O presente — momento único de experiência e relação — traz no seu bojo o passado, enquanto vida incorporada e memória, e o futuro, enquanto vida projetada. Isso vale tanto para as experiências singulares, de cada um de nós, como para a vida da sociedade. É isso que garante a significação do *processo histórico*.

Se o futuro é gestado no momento em que vivemos, nosso desafio está em organizar a sua construção da maneira como o desejamos e como julgamos necessário que ele seja. Começamos a sociedade do futuro, a escola do futuro, as organizações do futuro no presente, nas escolas, nas organizações, na sociedade que temos, afirmei. Isso reclama de nós uma primeira atitude: a consideração da realidade, da situação que *temos,* e o confronto do que temos com o que *queremos* e *precisamos* construir.

Quando se projeta, tem-se sempre em mente um *ideal.* Confunde-se, às vezes, inadequadamente, o ideal com algo irrealizável, que se classifica de utópico. O ideal é sim utópico, mas é preciso recuperar o sentido autêntico de utopia, que significa, na verdade, não algo impossível de ser realizado, mas algo *ainda não* realizado.

Os norteadores de nossa ação já se encontram definidos como *pressupostos* — princípios dos quais partimos e que fundamentam o processo de trabalho. Quando proponho como ideal uma escola ou uma empresa que desenvolva um trabalho coletivo e participante, por exemplo, tenho como pressuposto (parto de, tomo como princípio) que o trabalho que se realiza com a participação responsável de cada um dos sujeitos envolvidos é o que atende de forma mais efetiva às necessidades concretas da sociedade em que vivemos.

Se apresentamos o ideal como algo desejado e necessário e que ainda não existe, precisamos justificar o "ainda não". Para não lidarmos com uma fantasia, um devaneio, é preciso pensar que é necessário que ele seja *possível*. O que *ainda não é pode vir a ser*.

É necessário, entretanto, refletir sobre o que chamamos de possível. Muito frequentemente, ele é confundido com algo estático, já dado na situação vivenciada — "Estamos fazendo o possível", é o que se afirma. Ora, o possível não está pronto: ele pode estar presente imediatamente na situação, mas também é *construído* a partir dela. Muitas vezes ele se encontra escondido "dentro da casca do impossível", como afirma o poeta.[1] Para "descobri-lo" e acioná-lo é preciso recorrer à imaginação utópica, que se articula à razão e faz frutificar o desejo, como vimos.

> É através da imaginação [...] que se descobre o marco do possível. Quem não se atreve a conceber o impossível jamais poderá descobrir o que é possível. O possível é o resultado da submissão do impossível ao critério da factibilidade. (Hinkelammert, 1988, p. 17)

Construir o possível significa explorar os limites, para reduzi-los, e as alternativas de ação, para ampliá-las.

---

1. "Eu tropeço no possível, e não desisto de fazer a descoberta do que tem dentro da casca do impossível." (Drummond de Andrade, 1983, p. 733)

Para se elaborar um projeto, é necessário, então, considerar criticamente os limites e as possibilidades do contexto de trabalho, definindo os princípios norteadores da ação, determinando o que queremos conseguir, estabelecendo caminhos e etapas para o trabalho e avaliando continuamente o processo e os resultados.

À ideia de projeto, e à de utopia, que a abriga, está sempre ligada a ideia de *esperança*. Nela se articulam certeza e incerteza do alcance dos objetivos. Na certeza, do sim ou do não, não há lugar para a esperança. Quando já tenho no presente algo desejado, não preciso ter esperança. Quando tenho certeza de que algo virá, basta esperar. Se nos referimos à esperança, não pensamos numa atitude de espera, de imobilismo, como vemos em algumas situações. Esperança é movimento. Ela é "alimentada", sustentada exatamente pela ação do homem, que explora as potencialidades do presente, começando a criar aí o futuro. O conceito de esperança está muito próximo do conceito de horizonte. Quando chegamos a um horizonte, nos deparamos com outro. Se nossa esperança é atingida, certamente esperamos outra, sempre no sentido da utopia.

O verbo da utopia é *esperançar*. Não se trata de esperar por algo melhor, mas de planejar e mobilizar desde já o esforço na realização do ideal, utilizando os recursos de que dispomos e que vamos construindo.

> As utopias não são mecanismos de fuga fácil das contradições presentes. Elas pertencem à própria realidade do homem que é um ser que continuamente projeta, desenha o futuro, vive de promessas e se alimenta de esperanças. São as utopias que impedem o absurdo de tomar conta da história. (Boff, 1991, p. 50)

Costuma-se falar, de tempos em tempos, na "morte da utopia". Na medida em que não se realizam algumas propostas, em que se inviabilizam alguns projetos, cria-se espaço para uma espécie de desilusão que olha com descrédito a atitude utópica. Entretanto, se o universo da utopia é o da *dialética constante da possibilidade e da impossibilidade*, e se o possível é algo construído, aquele descrédito não se justifica. No processo de desenvolvimento histórico da sociedade, podem, sim, surgir elementos que contradigam propostas de caráter utópico. Afirmar que "a utopia está morta", a partir daí, é inadequado, pois a imaginação utópica, inerente ao homem, não desaparece em razão de alguns malogros. Pelo contrário, eles podem fazer com que ela se sinta desafiada no sentido de se investir insistentemente em novos projetos, motor que é do futuro.

A organização de projetos utópicos é uma forma de se enfrentar situações de *crise*.

Considera-se por vezes a crise como uma situação em que temos um movimento de alteração de valores e princípios num determinado contexto cultural. Desse ponto de vista, a crise aparece mesmo como característica do movimento histórico — a história se faz na contraposição de valores, na descoberta e instituição de novas significações para as ações e relações humanas. Mas a crise pode configurar-se também como uma ruptura, como uma negação da própria dinâmica da cultura, uma ameaça de imobilidade, sob a forma de um suposto movimento de desordem.

Devemos, então, considerar que a ideia de crise aponta para duas perspectivas — a de *perigo* e a de *oportunidade*. Se considerarmos apenas o perigo, correremos o risco de nos deixarmos envolver por uma atitude negativa, ignorando as alternativas de superação. É importante considerar a perspectiva de oportunidade, que nos remete à crítica, como um momento fértil de reflexão e de reorientação da prática.

Se cada momento histórico apresenta aos homens um desafio peculiar, é necessário verificar que características têm as crises que nos reclamam uma superação através de uma ação competente. Fala-se numa *crise ética* em nossa sociedade contemporânea. Talvez seja o grande desafio que se apresenta à competência. Entretanto, é preciso verificar que significado tem falar-se numa crise ética, ou melhor, numa crise moral, que provoca uma reflexão de caráter ético.

A atitude cínica configura uma crise moral, ou um desafio à ética, porque significa uma indiferença diante dos valores. Estamos, no dizer de Jurandir Freire Costa, em uma "cultura da razão cínica":

> Cínico é aquele que se obstina em demolir a esfera crítica dos valores, a pretexto de defender "a realidade do que é" contra a "idealidade do que poderia vir a ser". (Costa, 1989, p. 26)

Não é cínico o indivíduo que se insurge contra as regras, transgredindo-as. A transgressão faz parte da moralidade. Assumimos um comportamento moral quando obedecemos ou *desobedecemos* às regras.

> Atos moralmente negativos, precisamente por se referirem a uma norma (porque implicam a violação ou não cumprimento da mesma), têm um significado moral. [...] O normativo existe para ser realizado, o que não significa que se realize necessariamente. (Vázquez, 1975, p. 50-1)

ÉTICA E COMPETÊNCIA

A desobediência pode até mesmo se sustentar em uma análise crítica de normas que precisam ser alteradas.

Quaisquer que sejam nossas possibilidades de liberdade, elas não poderão se concretizar se continuarmos a pressupor que o "mundo aprovado" da sociedade seja o único que existe. (Berger, 1976, p. 158)

Vislumbra-se aí o caráter ético da reflexão, como vimos analisando. A atitude cínica nos provoca na medida em que é uma atitude de *desconsideração* das normas, e, portanto, dos valores que as sustentam. Ao insurgir-se "contra a idealidade do que poderia vir a ser", o cinismo desemboca em uma desesperança, na negação da utopia. E sem esperança, sem utopia, perde-se o sentido de um trabalho competente e eficaz.

Por tudo o que foi afirmado, não podemos deixar de estabelecer uma relação entre competência e utopia. Na ação competente, na articulação mesma de suas dimensões, haverá sempre um componente utópico, visto que no dever, no compromisso, na responsabilidade do profissional haverá uma dimensão prospectiva, de não estar guardado no presente, mas ter consciência de sua característica de entrecruzamento de passado e futuro.

A competência é construída cotidianamente (Ponce, 1989, p. 67) e se propõe como um ideal a ser alcançado. Pode-se constatar isto quando procuramos, em qualquer espaço de atuação profissional, fazer o elenco de características "definidoras" da competência, uma espécie de concretização do "saber fazer bem" para cada categoria de profissionais. Descobrimos que se trata de um conjunto de requisitos que não fazem parte, em sua totalidade, do desempenho dos indivíduos. Entretanto, verificamos que *podem fazer* — e sua possibilidade é verificada na própria realidade. Se existem no real como possibilidades, podem vir a se tornar, no futuro, prática concreta dos profissionais. Assim, vamos *nos tornando* competentes, realizando o ideal que atende às exigências — históricas, sempre — do contexto em que atuamos.

A ideia de relação, presente na vida humana, aponta-nos uma competência que, além de ser construída, é também *compartilhada*. Uma pessoa não pode ser humana sozinha (Berger, 1976, p. 108). Do mesmo modo, uma pessoa não pode ser competente sozinha. A qualidade de seu trabalho não depende apenas dela — define-se na relação com os outros. As condições para a realização de um trabalho competente estão na competência do profissional e na articulação dessa competência com os outros e com as circunstâncias. Se a dimensão do poder é constituinte da competência, vale lembrar que

> a verdade é que não somos nem completamente sem poder, nem completamente capazes de criar nossa própria realidade. [...] O que sentimos não depende apenas de nós, mas é também o resultado da realidade que nos rodeia. [...] O poder que possuímos, em qualquer momento, depende do que podemos arregimentar numa dada situação e quanta aceitação o mundo nos oferece em troca de nossos esforços. É, de fato, uma proposta meio a meio. Nosso poder depende em parte do que fazemos, e, em parte, do que outros fazem em resposta a isso. Nem o mito da falta de poder nem o mito do poder absoluto fazem sentido no mundo real. (Steiner, 1986, p. 64-5)

Na direção do bem comum, da ampliação do poder de todos como condição de participação na construção coletiva da sociedade e da história, apresenta-se aos profissionais, em meio à crise, a necessidade de responder ao desafio.

Eles o farão tanto mais competentemente quanto mais garantirem em seu trabalho, no entrecruzamento das dimensões que o constituem, a dimensão utópica. Esperança a caminho.

Bibliografia

ALMEIDA, G. de. *O professor que não ensina*. São Paulo: Summus, 1986.

ALVES, R. *Da esperança*. Campinas: Papirus, 1987.

ANDE. *A formação do educador*. São Paulo: 1981.

_____. *Revista da Associação Nacional de Educação*. São Paulo, n. 1 a 18.

ANDRADE, S. V. *A palavra poética e a palavra filosófica no "Grande sertão: veredas"*. Tese (mestrado) — Faculdade de Filosofia e Ciências Humanas da UFMG. Belo Horizonte, 1977.

ARANHA, M. L. de Arruda; MARTINS, M. H. P. *Filosofando*: Introdução à filosofia. São Paulo: Moderna, 1986.

_____. *Temas de filosofia*. São Paulo: Moderna, 1992.

ARENDT, Hannah. *A dignidade da política*. Rio de Janeiro: Relume-Dumará, 1993.

_____. *O que é política?* Rio de Janeiro: Bertrand Brasil, 1998.

BAUMAN, Zygmunt. *Globalização:* as conseqüências humanas. Rio de Janeiro: Jorge Zahar Ed., 1999.

BERGER, P. L. *Perspectivas sociológicas*. Trad. Donaldson M. Garschagen. São Paulo: Círculo do Livro, 1976.

BETTI, G. *Escuela, educación y pedagogía en Gramsci*. Trad. J. A. B. Barcelona: Martinez Roca, 1981.

BOBBIO, N. Política. In: BOBBIO, N.; MATTEUCCI, N.; PASQUINO, G. *Dicionário de Política*. 2. ed. Trad. João Ferreira (coord.). Brasília: Ed. da UnB, 1986.

BOFF, L. *Seleção de textos militantes*. Petrópolis: Vozes, 1991.

_____. *A águia e a galinha*: uma metáfora da condição humana. 3. ed. Petrópolis: Vozes, 1997.

BURBULES, Nicholas C.; TORRES, Carlos Alberto. Globalização e educação: uma introdução. In: BURBULES, Nicholas C; TORRES, Carlos Alberto (orgs.). *Globalização e educação*: perspectivas críticas. Porto Alegre: Artmed, 2004, p. 11-26.

CADERNOS DO CEDES. *A formação do educador em debate*. São Paulo: Cortez/Cedes, 1981. v. 2.

_____. *Educação e política*: Gramsci e o problema da hegemonia. São Paulo: Cortez/Cedes, 1985. v. 3.

_____. *Licenciatura*. São Paulo: Cortez/Cedes, 1983. v. 8.

_____. *Especialistas do ensino em questão*. São Paulo: Cortez/Cedes, 1982. v. 6.

CALVINO, Italo. *Seis propostas para o próximo milênio*. São Paulo, Companhia das Letras, 1990.

CASALI, A. *A relação escola, sociedade e Estado*. São Paulo: MEC/Cenafor, 1985.

CASSIRER, E. *Antropologia filosófica*. 2. ed. Trad. V. Feliz de Queiroz. São Paulo: Mestre Jou, 1977.

CHARLOT, B. *La mystification pédagogique*. Paris: Payot, 1977.

CHAUI, M. Ideologia e educação. Revista *Educação e Sociedade*, São Paulo, ano 2, n. 5, p. 24-40, jan. 1980a.

CHAUI, M. *Cultura e democracia — o discurso competente e outras falas.* São Paulo: Moderna, 1980b.

_____. *Convite à filosofia.* São Paulo: Ática, 1994.

_____. Ética e universidade. *Ciência Hoje,* São Paulo, v. 18, n. 102, p. 38-42, ago. 1994.

_____. Ética e violência. In: *Colóquio Interlocuções com Marilena Chaui.* Londrina, 1998. (Mimeo.)

COMPARATO, F. K. *Educação, Estado e poder.* São Paulo: Brasiliense, 1987.

_____. *Para viver a democracia.* São Paulo: Brasiliense, 1989.

CORBISIER, R. Notas para uma definição da cultura. *Revista Civilização Brasileira,* ano 2, n. 5-6, p. 231-247, mar. 1966.

_____. *Filosofa política e liberdade.* Rio de Janeiro: Paz e Terra, 1975.

CORTELLA, M. S. *Filosofia.* São Paulo: MEC/PUC-SP, 1988.

_____.; MUSSAK, Eugenio. *Liderança em foco.* Campinas: Papirus 7 Mares, 2009.

COSTA, J. F. Narcisismo em tempos sombrios. In: FERNANDES, H. R. (org.). *Tempo do desejo:* Psicanálise e sociologia. São Paulo: Brasiliense, 1988.

_____. *Psicanálise e moral.* São Paulo: EDUC, 1989.

_____. A ética democrática e seus inimigos — o lado privado da violência pública. In: NASCIMENTO, Elimar P. (org.). *Ética.* Brasília-Rio de Janeiro: Codeplan-Garamond, 1997, p. 67-86.

CUNHA, L. A. *Educação e desenvolvimento social no Brasil.* Rio de Janeiro: Francisco Alves, 1975.

CURY, C. R. J. *Educação e contradição.* São Paulo: Cortez/Autores Associados, 1985.

DI GIORGI, Flávio. Os caminhos do desejo. In: NOVAES, Adauto (org.). *O desejo.* São Paulo: Companhia das Letras, 1990.

DRUMMOND DE ANDRADE, C. Poema de sete faces. In: *Nova reunião,* 19 livros de poesia. Rio de Janeiro: José Olympio/INL, 1983. v. 1.

ECO, U. *Como se faz uma tese.* São Paulo: Perspectiva, 1983.

FERNANDES, F. A formação política e o trabalho do professor. In: CATANI, D. B. et al. (orgs.). *Universidade, escola e formação de professores.* São Paulo: Brasiliense, 1986. p. 13-37.

FERREIRA, Aurélio Buarque de Holanda. *Novo dicionário da língua portuguesa.* Rio de Janeiro: Nova Fronteira, s/d.

FERREIRA GULLAR. Lição de arquitetura, 1976.

FOUCAULT, M. *Microfísica do poder.* 4. ed. Rio de Janeiro: Graal, 1984.

FUSARI, José C.; RIOS, Terezinha A. Formação continuada dos profissionais do ensino. *Cadernos Cedes,* Campinas, n. 36, 1996, p. 37-45.

GADOTTI, M. *Educação e poder:* introdução à pedagogia do conflito. São Paulo: Cortez/Autores Associados, 1980.

_____. *Concepção dialética da educação:* um estudo introdutório. São Paulo: Cortez/Autores Associados, 1983.

_____. *Pensamento pedagógico brasileiro.* São Paulo: Ática, 1987.

GILES, T. R. *Estado, poder, ideologia.* São Paulo: EPU, 1985.

GRAMSCI, A. Os *intelectuais e a organização da cultura.* 2. ed. Trad. Carlos Nelson Coutinho. Rio de Janeiro: Civilização Brasileira, 1978.

_____. *Concepção dialética da história.* 2. ed. Trad. Carlos Nelson Coutinho. Rio de Janeiro: Civilização Brasileira, 1978.

ÉTICA E COMPETÊNCIA

GRAMSCI, A. *A formação dos intelectuais.* Trad. Serafim Ferreira. Venda Nova-Amadora: M. Rodrigues Xavier/Ed. Grijalbo, 1972.

HEIJDEN, Beatrice van der; BARBIER, Gildas. A competência, sua natureza e seu desenvolvimento: uma abordagem anglo-saxônica. In: TOMASI, Antonio (org.). *Da qualificação à competência*: Pensando o século XXI. Campinas: Papirus, 2004. p. 51-74.

HELLER, A. *Para mudar a vida*: felicidade, liberdade e democracia. Trad. Carlos Nelson Coutinho. São Paulo: Brasiliense, 1982.

_____. *A filosofia radical.* Trad. Carlos Nelson Coutinho. São Paulo: Brasiliense, 1983.

HINKELAMMERT, F. J. *Crítica da razão utópica.* Trad. Álvaro Cunha. São Paulo: Paulinas, 1988.

HUMBERG, Mario Ernesto. Ética organizacional e relações públicas. In: *Organicom* — Revista Brasileira de Comunicação Organizacional e Relações Públicas. São Paulo: Gestcorp — ECA/USP, ano 5, n. 8, p. 89-98, 1º sem. 2008.

IANNI, O. O professor como intelectual: cultura e dependência. In: CATANI, D. B. et al. (orgs.). *Universidade, escola e formação de professores.* São Paulo: Brasiliense, 1986. p. 39-49.

JAPIASSU, H. *A pedagogia da incerteza.* Rio de Janeiro: Imago, 1983.

KLIKSBERG, Bernardo. *Mais ética, mais desenvolvimento.* Brasília: Unesco/Sesi/DN, 2008.

LATERZA, M.; RIOS, T. A. *Filosofia da educação*: fundamentos. São Paulo: Herder, 1971. 2 v.

LE BOTERF, Guy. *Desenvolvendo a competência dos profissionais.* Porto Alegre: Artmed, 2003.

LEBRUN. G. O *que é poder.* São Paulo: Brasiliense, 1981.

LÉVÈQUE, R.; BEST, F. Por uma filosofia da educação. In: DEBES-SE, M.; MIALARET, G. (orgs.). *Tratado das ciências pedagógicas*, Introdução. Trad. L. e J. B. Damasco Penna. São Paulo: Ed. Nacional/Ed. da USP, 1974. p. 79-122.

LIBÂNEO, J. C. *Democratização da escola pública — a pedagogia crítico-social dos conteúdos*. São Paulo: Loyola, 1985.

LINARES, Jorge E. *Ética y mundo tecnológico*. México: FCE, UNAM, FFyL, 2008.

LISPECTOR, C. *A descoberta do mundo*. Rio de Janeiro: Nova Fronteira, 1984.

LORIERI, Marcos A.; RIOS, Terezinha A. *Filosofia na escola*: o prazer da reflexão. 2. ed. São Paulo: Moderna, 2008.

MANACORDA, M. A. *El principio educativo en Gramsci*. Trad. Luis Legaz. Salamanca: Sígueme, 1977.

_____. *Marx y la pedagogía moderna*. Trad. Prudencio Gomes. Barcelona: Oikos-tau, 1979.

MARX, K. Col. *Os pensadores*. São Paulo: Abril Cultural, 1974. v. XXXV.

_____; ENGELS, F. *Crítica da educação e do ensino*. Trad. Ana Maria Rabaça. Lisboa: Moraes, 1978.

MELLO, G. N. *Magistério de 1º grau*: da competência técnica ao compromisso político. São Paulo: Cortez/Autores Associados, 1982.

_____. *Educação escolar*: paixão, pensamento e prática. São Paulo: Cortez/Autores Associados, 1986.

MENDES, D. T. (coord.). *Filosofia da educação brasileira*. Rio de Janeiro: Civilização Brasileira, 1983.

NAGLE, J. *Educação e sociedade na Primeira República*. São Paulo: EPU/MEC, 1974.

NASCIMENTO, M. M. do. Filosofia política. In: CHAUI, M. et al. *Primeira filosofia*: lições introdutórias. São Paulo: Brasiliense, 1984. p. 238-43.

NOVAES, A. (org.). *Ética*. São Paulo: Companhia das Letras/Secretaria Municipal de Cultura, 1992.

OLIVEIRA, B. A.; DUARTE, N. *Socialização do saber escolar*. São Paulo: Cortez/Autores Associados, 1985.

ORTEGA Y GASSET, José. *Meditação da técnica*. Rio de Janeiro. Livro Ibero-Americano Ltda, 1963.

OSTROWER, Fayga. *Universos da arte*. Rio de Janeiro: Campus, 1986.

_____. *Criatividade e processos de criação*. Petrópolis: Vozes, 1987.

_____. *A sensibilidade do intelecto*. Rio de Janeiro: Campus, 1998.

PONCE, B. J. *A aula como instrumento de transformação social*. Tese (Mestrado). São Paulo: PUC-SP, 1989.

REBOUL, O. *Filosofia da educação*. Trad. L. e J. B. Damasco Penna. São Paulo: Editora Nacional, 1985.

REZENDE, A. M. de. O *saber e o poder na universidade*: dominação ou serviço. São Paulo: Cortez/Autores Associados, 1982.

RIOS, T. A. Significado e pressupostos do projeto pedagógico. *Ideias*, n. 5, p. 73-7, 1992.

_____. Competência ou competências? — o novo e original na formação de professores. In: ROSA, Dalva E. Gonçalves; SOUZA, Vanilton Camilo de (orgs.). *Didática e práticas de ensino: interfaces com diferentes saberes e lugares formativos*. Rio de Janeiro, DP&A, 2002. p. 154-172.

_____. As pessoas que a gente não vê. In: BAPTISTA, Myriam V. (coord.). *Abrigo: comunidade de acolhida e socioeducação*. São Paulo: Instituto Camargo Corrêa, 2006. p. 15-21.

RIOS, T. A presença da filosofia e da ética no contexto profissional. In: *Organicom* — Revista Brasileira de Comunicação Organizacional e Relações Públicas. São Paulo: Gestcorp — ECA/USP, ano 5, n. 8, p. 78-88, 1º sem. 2008.

_____. *Compreender e ensinar*: por uma docência da melhor qualidade. 8. ed. São Paulo: Cortez, 2010a.

_____. A construção permanente da competência. In: ROVAI, Esméria (org.). *Competência e competências*: contribuição crítica ao debate. São Paulo: Cortez, 2010b. p. 149-166.

RODRIGUES, N. *Lições do príncipe e outras lições.* São Paulo: Cortez/Autores Associados, 1984.

_____. *Por uma nova escola*: o transitório e o permanente na educação. São Paulo: Cortez/Autores Associados, 1985.

_____. *Da mistificação da escola à escola necessária.* São Paulo: Cortez/Autores Associados, 1987.

ROMANO, R. Limites da ação política do professor. In: CATANI, D. B. et al. (orgs.). *Universidade, escola e formação de professores.* São Paulo: Brasiliense, 1986. p. 85-112.

SANTOS, Boaventura S. *Pela mão de Alice — o social e o político na pós-modernidade.* Porto: Edições Afrontamento, 1995.

SAVIANI, D. *Educação*: do senso comum à consciência filosófica. São Paulo: Cortez/Autores Associados, 1980.

_____. Abordagem política do funcionamento interno do ensino de primeiro grau. *Anais da I Conferência Brasileira de Educação.* São Paulo: Cortez/Ande, 1981. p. 117-27.

_____. Tendências e correntes da educação brasileira. In: MENDES, D. T. (coord.). *Filosofia da educação brasileira.* Rio de Janeiro: Civilização Brasileira, 1983a. p. 19-47.

SAVIANI, D. Competência política e compromisso técnico; ou (o pomo da discórdia e o fruto proibido). Revista *Educação e Sociedade*, n. 15, p. 111-143, ago. 1983b.

_____. *Escola e democracia*. São Paulo: Cortez/Autores Associados, 1983c. 96 p.

SEVERINO, R. J. O espaço político da educação universitária. *Cadernos PUC*, n. 3, p. 104-120, mar. 1980.

_____. *Educação, ideologia e contra-ideologia*. São Paulo: EPU, 1986.

_____. *Filosofia*. São Paulo: Cortez, 1992.

SILVA, S. A. I. *Valores em educação*: o problema da compreensão e da operacionalização dos valores na prática educativa. Petrópolis: Vozes, 1986.

SROUR, Robert Henry. Por que empresas eticamente orientadas? In: *Organicom* — Revista Brasileira de Comunicação Organizacional e Relações Públicas. São Paulo: Gestcorp — ECA/USP, ano 5, n. 8, p. 59-67, 1º sem. 2008.

STEINER, C. M. O *outro lado do poder*. 2. ed. Trad. Rosa R. Krausz. São Paulo: Nobel, 1986.

SUCHODOLSKY, B. *Teoria marxista de la educación*. Trad. Maria Rosa Borras. México: Editorial Grijalbo, 1966.

SZACHI, Jerzy. *As utopias*. Trad. Rubem César Fernandes. Rio de Janeiro: Paz e Terra, 1972.

TEIXEIRA COELHO. O *que é utopia*. São Paulo: Brasiliense, 1980.

TOMASI, Antonio (org.). *Da qualificação à competência*: Pensando o século XXI. Campinas: Papirus, 2004.

TORRES FILHO, R. R. *Ensaios de filosofia ilustrada*. São Paulo: Brasiliense, 1987.

VALLS, A. L. M. O *que é ética*. São Paulo: Brasiliense, 1986.

VAZ, H. C. de L. *Escritos de filosofia I.* Problemas de fronteira. São Paulo: Loyola, 1986.

_____. *Escritos de filosofia II.* Ética e cultura. São Paulo: Loyola, 1988.

VÁZQUEZ, A. S. *Filosofia da práxis.* Trad. Luiz Fernando Cardoso. Rio de Janeiro: Paz e Terra, 1968.

_____. *Ética.* 2. ed. Trad. João Dell'Anna. Rio de Janeiro: Civilização Brasileira, 1975.

_____. *Convite à estética.* Rio de Janeiro: Civilização Brasileira, 1999.

VERGNIÈRES, Solange. *Ética e política em Aristóteles.* São Paulo: Paulus, 1998.

VIEIRA, Liszt. *Cidadania e globalização.* Rio de Janeiro: Record, 1997.

VIEIRA PINTO, A. *Ciência e existência*: problemas filosóficos da pesquisa científica. Rio de Janeiro: Paz e Terra, 1969.

_____. *Sete lições sobre educação de adultos.* São Paulo: Cortez/ Autores Associados, 1982.

WARDE, M. J. *Educação e estrutura social*: a profissionalização em questão. São Paulo: Cortez/Moraes, 1977.

WITTORSKI, Richard. Da fabricação das competências. In: TOMASI, Antonio (org.). *Da qualificação à competência*: pensando o século XXI. Campinas: Papirus, 2004, p. 75-90.